필승합격일본어능력시험
N3

아스크 출판사 편집부

모의고사
3회분

머리말

일본어능력시험(JLPT)은 일본어를 학습하는 사람의 일본어 능력을 측정하고 인정하는 전세계적인 공인 시험 중에서 가장 권위 있는 시험으로 알려져 있습니다.

이 시험에서 궁극적으로 5단계 레벨의 가장 상위 레벨에 합격을 목표로 공부하는 사람들을 위한 교재는 시중에 다양하게 발행되어 있으며 그 중에는 이 책과 같은 〈모의고사 문제집〉도 많습니다.

모의고사는 왜 필요할까요? 그 답은 아래와 같습니다.

먼저, 일본어 학습자는 자신의 일본어 능력은 어느 정도인지를 알고 싶고 그것을 인정 받고 싶어할 것입니다. 그래서 이 시험에 응시하는 것이겠지요. 그러자면 자신의 능력에 맞는 레벨을 선택하여 응시하여야 하는데, 현재의 자신의 능력은 어느 정도인가를 알기는 쉽지 않습니다. 그래서 스스로 생각하는 레벨에 대한 모의고사를 보고 그 점수를 체크함으로써 대략적인 자신의 실력을 알 수가 있을 것입니다.

다음으로는 모의고사에 응시해 본 결과 자신의 약한 부분, 소위 약점을 알게 될 것입니다. 그 약점을 알게 됨으로써 앞으로 공부할 방향이 설정되고 약점 부분을 강화하는 학습으로 보완해 갈 수가 있을 것입니다. 특히 한 과목이라도 과락 점수를 받으면 다른 과목의 점수가 좋아도 불합격된다는 점은 매우 중요하므로 어느 부분이 약한지 체크해야 할 필요가 있습니다.

그리고는 모의고사를 통해 실전적인 연습을 하게 됨으로써 본 시험에 대한 두려움을 극복하고 과목 별 응시 요령을 익히게 되어 자신의 실력을 유감없이 발휘하게 될 것입니다.

이러한 이유로 〈모의고사〉의 중요성이 인식된다면 이 책을 이용하여 학습하시는 여러분께서는 더욱 큰 자신감을 가지게 될 것으로 믿습니다.

이 〈필승합격 일본어능력시험 모의고사 시리즈〉는 N1에서 N5까지 모든 레벨에 대해 각각 독립된 책자로 발행되었습니다.

이 책은 일본의 유수한 일본어 교재 출판사인 아스크출판사가 기획·편집한 것입니다. 일본어능력시험은 과거 문제를 공개하지 않기 때문에 실제 문제를 알 수는 없습니다. 그러한만큼 실제 문제의 난이도나 형식에 유사한 문제를 접하는 것은 매우 중요하기 때문에 이 출판사의 외국인 직원들이 실제 시험에 응시하여 문제의 출제 경향을 연구, 분석하였으며 일본어 교육 전문가들에게 모의고사 문제의 출제를 의뢰하여 만들어진 것입니다.

처음으로 일본어능력시험을 치르는 분도 3회분의 문제를 풀어봄으로써 만전의 태세로 본 시험에 임할 수 있을 것입니다. 이 책 모의고사를 접하신 여러분이 일본어능력시험 N3에 합격하여 자신의 꿈을 향한 큰 걸음을 내딛기를 기원합니다.

2021년 2월
(주)해외교육사업단

목차

이 책의 사용법

구성

모의고사 문제가 3회분 수록되어 있습니다. 시간을 체크하면서 집중하여 임해주십시오. 종료 후에는 채점하여 몰랐던 부분, 틀린 부분에 대해서는 그대로 두지 말고 해설까지 착실히 읽고 이해하시기 바랍니다.

대책 일본어능력시험에는 어떠한 문제가 나오는지, 어떻게 공부하면 좋은지 확인하십시오.

해답・해설 정답과 오답을 판정하는 것만이 아니라 왜 틀렸는지 확인하십시오.
※해설은 유사표현을 많이 알 수 있도록 알기 쉬운 일본어와 한국어를 병용하였습니다.
정답 이외의 선택지에 대한 해설.
□ · 암기하자! 문제에 나온 어휘 · 표현 및 관련되는 어휘 · 표현.

문제 (별책) 본책에서 분리하여 마지막 페이지에 있는 해답용지를 잘라내어 사용합니다. 해답용지는 사이트에서 다운로드 할 수도 있습니다.

스케줄

JLPT공부 시작 시점 : 제1회 문제를 풀어 보고 시험 형식과 자신의 실력을 체크하십시오.

취약한 분야를 트레이닝
·**문자・어휘・문법 :** 모의고사 해설에서 다루어지는 단어 · 표현을 노트에 옮겨 적어 외우십시오.
·**독해 :** 매일 하나씩 일본어로 된 문장을 읽어주십시오.
·**청해 :** 모의고사 문제를 스크립트를 보면서 들어주십시오.

제2회, 제3회 문제를 풀어 보고 일본어능력이 늘었는지 확인하십시오

시험직전 : 다시 한 번 이 책의 모의고사 문제를 풀어 최종 확인하십시오.

청해 음성 파일 및 해답을 입력하면 자동으로 채점이 되는 Excel 시트는
아래 사이트에서 다운로드가 가능합니다.
➡ **https://www.hedgroup.co.kr/09_jlpt.php**

일본어능력시험 (JLPT) 레벨 인정기준

JLPT 레벨 인정기준

시험은 N1, N2, N3, N4, N5로 나뉘어져 있으므로 수험자가 자신에게 맞는 레벨을 선택합니다. 각 레벨에 따라 N1~N2는 언어지식(문자·어휘·문법)·독해, 청해의 두 섹션으로, N3~N5는 언어지식(문자·어휘), 언어지식(문법)·독해, 청해의 세 섹션으로 나뉘어져 있습니다.

시험의 각 레벨 인정기준은 다음과 같으며 인정기준을 [읽기], [듣기]의 언어 행동으로 설명하므로 참고해 주십시오.

각 레벨에는 이들 언어 행동을 실현하기 위한 언어지식이 필요합니다.

[일본어능력시험] 인정기준

레벨	인정기준
N1	**폭넓은 장면에서 사용되는 일본어를 이해할 수 있다.** [읽기]·폭넓은 화제에 대해 쓰인 신문 논설, 평론 등, 논리적으로 다소 복잡한 문장과 추상도 높은 문장 등을 읽고 문장 구성과 내용을 이해할 수 있다. ·다양한 화제 내용에 깊이 있는 글을 읽고 이야기 흐름과 상세한 의도를 이해할 수 있다. [듣기]·폭넓은 장면에서 자연스러운 속도의 체계적 내용의 회화, 뉴스, 강의를 듣고 이야기 흐름과 등장인물의 관계, 내용의 논리구성 등을 상세하게 이해하고 요지를 파악할 수 있다.
N2	**일상적인 장면에서 사용되는 일본어 이해와 더불어 보다 폭넓은 장면에서 사용되는 일본어를 어느 정도 이해할 수 있다.** [읽기]·폭넓은 화제에 대해 쓰인 신문이나 잡지 기사/해설, 평이한 평론 등 논지가 명쾌한 문장을 읽고 문장 내용을 이해할 수 있다. ·일반적인 화제에 관한 글을 읽고 이야기 흐름과 표현 의도를 이해할 수 있다. [듣기]·일상적인 장면과 더불어 폭넓은 장면에서 자연스러운 속도의 체계적 내용의 회화, 뉴스를 듣고 이야기 흐름과 등장인물의 관계를 이해하고 요지를 파악할 수 있다.
N3	**일상적인 장면에서 사용되는 일본어를 어느 정도 이해할 수 있다.** [읽기]·일상적인 화제에 대해 쓰인 구체적인 내용의 문장을 읽고 이해할 수 있다. ·신문 기사 제목 등을 통해 정보의 개요를 파악할 수 있다. ·일상적인 장면에서 접하는 범위의 난이도가 다소 높은 문장은 유의 표현이 제시되면 요지를 이해할 수 있다. [듣기]·일상적인 장면에서 다소 자연스러운 속도에 가까운 체계적 내용의 회화를 듣고 이야기의 구체적인 내용을 등장인물의 관계 등과 더불어 거의 이해할 수 있다.
N4	**기본적인 일본어를 이해할 수 있다.** [읽기]·기본적인 어휘나 한자로 쓰인 일상생활 속에서도 가까운 화제에 대한 글을 읽고 이해할 수 있다. [듣기]·일상적인 장면에서 조금 느린 속도의 회화라면 내용을 거의 이해할 수 있다.
N5	**기본적인 일본어를 어느 정도 이해할 수 있다.** [읽기]·히라가나, 가타카나, 일상생활에서 사용되는 기본적인 한자로 쓰인 정형적 어구, 문장, 글을 읽고 이해할 수 있다. [듣기]·교실이나 주변 등 일상생활 속에서도 자주 접하는 장면에서 느리고 짧은 회화로부터 필요한 정보를 얻어낼 수 있다.

(JLPT 홈페이지에서 인용)

일본어능력시험 (JLPT) 대문제 구성과 문제수

JLPT 대문제 구성과 문제수

각 레벨에서 출제되는 문제 구성과 문제 수는 다음과 같습니다.

각 문제 형식과 내용에 관해서는 이 책의 모의고사 문제를 참조하십시오.

시험과목		대문제	N1	N2	N3	N4	N5
언어지식·독해	문자·어휘	한자읽기	6문제	5문제	8문제	9문제	12문제
		표기	-	5문제	6문제	6문제	8문제
		단어형성	-	5문제	-	-	-
		문맥규정	7문제	7문제	11문제	10문제	10문제
		유의환언	6문제	5문제	5문제	5문제	5문제
		용법	6문제	5문제	5문제	5문제	-
	문제 수 합계		**25문제**	**32문제**	**35문제**	**35문제**	**35문제**
	문법	문장의 문법1 (문법형식 판단)	10문제	12문제	13문제	15문제	16문제
		문장의 문법2 (문법형식 판단)	5문제	5문제	5문제	5문제	5문제
		글의 문법	5문제	5문제	5문제	5문제	5문제
	문제 수 합계		**20문제**	**22문제**	**23문제**	**25문제**	**26문제**
	독해	내용이해(단문)	4문제	5문제	4문제	4문제	3문제
		내용이해(중문)	9문제	9문제	6문제	4문제	2문제
		내용이해(장문)	4문제	-	4문제	-	-
		통합이해	3문제	2문제	-	-	-
		주장이해(장문)	4문제	3문제	-	-	-
		정보검색	2문제	2문제	2문제	2문제	1문제
	문제 수 합계		**26문제**	**21문제**	**16문제**	**10문제**	**6문제**
청해		과제이해	6문제	5문제	6문제	8문제	7문제
		포인트이해	7문제	6문제	6문제	7문제	6문제
		개요이해	6문제	5문제	3문제	-	-
		발화표현	-	-	4문제	5문제	5문제
		즉시응답	14문제	12문제	9문제	8문제	6문제
		통합이해	4문제	4문제	-	-	-
	문제 수 합계		**37문제**	**32문제**	**28문제**	**28문제**	**24문제**

※문제 수는 매회 시험에서 출제되는 대략적인 기준이며, 실제 시험에서의 출제 수는 다소 달라 질 수 있습니다. 또한 문제 수는 변경되는 경우가 있습니다.

※ '독해' 에서는 하나의 문장 (본문) 에 대해 복수의 문제가 출제되는 경우도 있습니다.

※매회 시험의 난이도를 관리하고, 새로운 유형의 문제를 평가하기 위해 득점에 가산되지 않는 문제를 포함할 수 있습니다.

(JLPT 홈페이지에서 인용)

일본어능력시험 (JLPT) 결과 표시 및 합격점

JLPT 결과 표시

레벨	득점 구분	최고 득점
N1	언어지식(문자 · 어휘 · 문법)	60
	독해	60
	청해	60
	종합득점	180
N2	언어지식(문자 · 어휘 · 문법)	60
	독해	60
	청해	60
	종합득점	180
N3	언어지식(문자 · 어휘 · 문법)	60
	독해	60
	청해	60
	종합득점	180
N4	언어지식(문자 · 어휘 · 문법) · 독해	120
	청해	60
	종합득점	180
N5	언어지식(문자 · 어휘 · 문법) · 독해	120
	청해	60
	종합득점	180

N1, N2, N3 의 득점 구분은 '언어지식(문자 · 어휘 · 문법)' , '독해' , '청해' 의 3 구분입니다.
N4, N5의 득점 구분은 '언어지식(문자 · 어휘 · 문법) · 독해' 와 '청해' 의 2 구분입니다.

JLPT 합격점 및 기준점

레벨	합격점	기준점		
		언어지식	독해	청해
N1	100점	19점	19점	19점
N2	90점	19점	19점	19점
N3	95점	19점	19점	19점
N4	90점	38점		19점
N5	80점	38점		19점

종합 득점과 각 과목별 득점의 두가지 기준에 따라 합격여부를 판정합니다. 즉, 종합 득점이 합격에 필요한 점수(합격점) 이상이며, 각 과목별 득점이 과목별로 부여된 합격에 필요한 최저점(기준점) 이상일 경우 합격입니다.

(JLPT 홈페이지에서 인용)

N3 문제의 구성과 대책

언어지식 (문자 · 어휘)

문제1 한자읽기 8문제

한자로 쓰여진 단어 읽는 법을 답한다.

問題1 ＿＿＿のことばの読み方として最もよいものを、1・2・3・4から一つえらびなさい。

例1　この<u>黒い</u>かばんは山田さんのです。
　1　あかい　　2　くろい　　3　しろい　　4　あおい

例2　何時に<u>学校</u>へ行きますか。
　1　がこう　　2　がこ　　3　がっこう　　4　がっこ

정답 : 예1　2, 예2　3

POINT

예1과 같이 읽기는 완전히 다르지만 같은 장르의 단어가 선택지에 나열되는 경우와 예2와 같이 「っ」와 「゛」, 장음 유무가 해답의 결정적 기준이 되는 경우가 있습니다. 예1의 패턴에서는 문제문의 문맥에서 그 곳에 들어갈 단어의 의미를 추측할 수 있는 경우가 있습니다. 문제문은 전부 읽으십시오.

공부법

예2의 패턴에서는 발음이 부정확하면 정답을 고를 수 없습니다. 한자를 공부할 때는 음과 히라가나를 연결하여 소리를 내어 확인하면서 외웁시다. 일견 우회하는 것 같지만 이것을 해 놓으면 청해능력도 늘어납니다.

문제2　표기　6문제

히라가나로 쓰여진 단어를 한자로 어떻게 쓰는지 답한다.

問題2　＿＿＿のことばを漢字で書くとき、最もよいものを、1・2・3・4から一つえらびなさい。

例　らいしゅう、日本へ行きます。

　1　先週　　　2　来週　　　3　先月　　　4　来月

정답：2

POINT

한자 문제는 오래 생각한다고 답을 알게 되는 것은 아닙니다. 시간을 너무 들이지 말고 후반부에 사용할 시간을 남깁시다.

공부법

한자를 사용한 단어의 의미와 음과 표기를 외우는 것만이 아니라 아래 두 가지를 하면 좋습니다.

① 같은 한자를 사용한 단어를 모아 한자 각 글자의 의미를 체크한다.

② 한자를 파트로 분류하여 그룹화 해 둔다.

문제3 문맥규정 11문제

(　　　)에 들어갈 가장 올바른 단어를 고른다.

問題3 (　　　) に入れるのに最もよいものを、1・2・3・4から一つえらびなさい。

例　私は (　　　) 昼ご飯を食べていません。

1　すぐ　　　2　もっと　　　3　もう　　　4　まだ

정답 : 4

POINT

①한자어, ②가타카나어, ③동사 · 부사의 문제가 나옵니다.

공부법

①한자어: 공부법은 문제1, 2와 같습니다.
②가타카나어: 가타카나어는 대부분이 영어에서 유래하고 있습니다. 가타카나어는 한국어로 번역만이 아니라 영어와 연결시키면 기억하기 쉬울 것입니다. 단어 끝의 "s" 는 「ス」(예 : bus→バス) 등, 영어를 가타카나로 만들 때의 변화를 자기 나름대로 규칙화를 해 두면 처음 보는 단어도 유추할 수 있게 됩니다.
③동사 · 부사: 그 단어만이 아니라 자주 함께 사용되는 단어와 세트로 하여 예문으로 외웁시다. 부사는 「정도」「빈도」「예상」 등 의미별로 분류해 두면 좋습니다.

문제4 유의환언 5문제

＿＿＿의 단어 및 표현과 의미가 가장 가까운 단어나 표현을 고른다.

問題4 ＿＿＿に意味が最も近いものを、1・2・3・4から一つえらびなさい。

例 作文を書いたので、チェックしていただけませんか。

1 勉強　　2 提出　　3 確認　　4 準備

정답 : 3

POINT

어느 선택지를 골라도 올바른 문장이 되는 경우가 많습니다. 의미를 확실히 확인하십시오.

공부법

자주 함께 사용되는 단어와 세트로 하여 단어의 의미를 외우면 됩니다. N3레벨에서 기억해야 할 어휘가 아주 많으므로 매일 일정한 단어수를 정하여 차근차근 공부하도록 합시다.

문제5　용법　5문제

문제의 단어를 사용한 문장에서 가장 올바른 문장을 고른다.

問題5　つぎのことばの使い方として最もよいものを、1・2・3・4から一つえらびなさい。

例　楽

1　彼は今度の旅行をとても楽にしている。

2　時間がないから、何か楽に食べましょう。

3　給料が上がって、生活が楽になった。

4　みんながわかるように、もう少し楽に説明してください。

정답 : 3

공부법

단어의 의미를 아는 것만으로는 답할 수 없는 문제도 있습니다. 어휘를 외울 때는 언제 어디에 사용되는지, 어느 조사와 함께 사용되는지, 명사의 경우는「する」가 붙어서 동사로 되는지 등에도 주의하여 외웁시다.

언어지식 (문법) · 독해

문제1　문장의 문법1 (문법형식의 판단)　13문제

문장 속의 (　　　)에 들어가는 것으로 가장 올바른 단어를 고른다.

問題1　つぎの文の（　　　）に入れるのに最もよいものを、1・2・3・4から一つえらびなさい。

例　先生の（　　　）、日本語能力試験に合格しました。
1　おかげで　　2　せいで　　3　ために　　4　からで

정답 : 1

POINT

문법 문제와 독해 문제는 시간이 나뉘어져 있지 않습니다. 독해 문제에 시간을 쓸 수 있도록 문법 문제는 빨리 푸십시오. 모르겠다면 적당히 마크하고 다음 문제를 푸는 것이 좋습니다.

공부법

문법 항목별로 자신의 마음에 드는 예문을 하나 외워두십시오. 그 문법이 사용되는 상황의 이미지를 갖는 것이 중요합니다.

문제2　문장의 문법2 (문장 만들기)　5문제

문장에 있는 4개의 ＿＿＿에 단어를 넣어 ＿★＿에 들어갈 선택지를 고른다.

問題2　つぎの文の ＿★＿ に入る最もよいものを、1・2・3・4から一つえらびなさい。

（問題例）

木の ＿＿＿ ＿＿＿ ＿★＿ ＿＿＿ います。

1 が　　2 に　　3上　　4ねこ

정답：4

POINT

＿＿＿만 보는 것이 아니라 문장 전체를 읽고 이야기의 흐름을 이해한 후 해답합니다. 대부분은 세 번째 빈칸이 ＿★＿이지만 다른 경우도 있으므로 주의하십시오.

공부법

문형의 지식을 묻는 문제만이 아니라 긴 명사 수식절을 적절한 순서로 바꾸어 배열하는 문제도 많이 나옵니다. 명사 수식이 미숙한 사람은 평소부터 한국어와 일본어 사이에 명사 수식절의 위치가 다른 경우도 있으므로 주의하면서 장문을 읽을 때에 문장의 구조를 도식화하는 등으로 문장의 구조에 익숙하도록 하십시오.

문제3 문장의 문법 5문제

문장의 흐름에 맞는 표현을 선택지에서 고른다.

つぎの文章(ぶんしょう)を読んで、文章全体(ぶんしょうぜんたい)の内容(ないよう)を考えて、 例1 から 例5 の中に入る最もよいものを、1・2・3・4から一つえらびなさい。

大学の思い出

わたしは1年前に大学を卒業した。大学生のときは、授業には 例1 と思っていたが、その考えは間違っていた。専門家の話を直接聞き、質問できるような機会は、社会に出たらほとんどない。 例2 をしていた時間が、今はとても残念に思われる。 例3 友人はたくさんできた。今でもその友人たちとはよく会って、いろいろな話をする。これからも友人たちを 例4 と思っている。

例1　1　行かなくてもかまわない　　2　行ったらよかった
　　　3　行ったほうがいい　　4　行かないだろう

例2　1　あのこと　　2　そんな生活　　3　この勉強　　4　どういうもの

例3　1　だから　　2　しかし　　3　そのうえ　　4　また

例4　1　大切にしていこう　　2　大切にしようがない
　　　3　大切にしていけ　　4　大切にしたものだ

정답 : 예1　1, 예2　2, 예3　2, 예4　1

POINT

아래 3종류의 문제가 있습니다.

①접속사 : 아래와 같은 접속사를 넣습니다. 빈칸의 앞뒤 문장을 읽고 연결을 생각합니다.
- 순접 : だから、すると、そこで
- 역접 : ところが、けれども、それでも
- 병렬 : また
- 첨가 : そのうえ、それに
- 대비 : 一方(で)
- 환언 : つまり
- 예시 : たとえば
- 주목 : とくに

②문맥지시 : 「そんな~」「あの~」와 같은 표현이 선택지가 됩니다. 지시사 대상은 한 문장 앞에 있는 경우가 많습니다. 하지만 「先日、こんなことがありました。~」와 같이 뒤에 이어지는 구체적인 예를 가리키는 단어가 선택지가 되는 경우도 있습니다.

③문중표현・문말표현 : 조사(「より」「なら」「でも」「だけ」「しか」「まで」「など」)나 동사의 활용을 묻습니다. 앞뒤 문장의 의미 내용을 이해하고 덧붙여진 문법 항목이 어떤 의미를 더할 수 있을지 생각합니다.

공부법

①접속사 : 위에 제시한 분류를 외워둡시다.
②문맥지시 : 「こ」「そ」「あ」가 일본어 문장 속에서 어떻게 사용되는지, 한국어와의 차이를 명확히 해 두십시오.
③문말표현·문중표현 : 평소부터 문법 항목은 예문과 함께 외워두면 도움이 됩니다.

문제4 내용이해 (단문) 4문제

150 ~ 200자 정도의 문장을 읽고 내용에 관련된 선택지를 고른다.

POINT

질문의 패턴은 여러가지 있지만 대부분은 필자가 가장 말하고 싶은 내용이 문제로 되어 있습니다. 소거법으로 답을 고르는 것이 아니라 발화의도를 확실히 파악하여 선택하십시오.

〈자주 있는 질문〉
「나」의 가장 말하고 싶은 것은 무엇인가?
이 이메일을 작성한 사람이 가장 묻고 싶은 것은 무엇인가?
이 메모를 읽은 사람이 해야 하는 것은 무엇인가?

문제5 내용이해 (중문) 3문제×2

350자 정도의 문장을 읽고 내용에 관련된 선택지를 고른다.

POINT

「＿＿＿とあるが、どのような○○か。」「＿＿＿とあるが、なぜか。」와 같은 질문에서 키워드나 인과관계를 이해하고 있는지를 묻는 문제가 출제됩니다.
밑줄 부분의 의미를 묻는 질문이 나오면 같은 의미를 나타내는 환언의 표현이나 문장 속에 몇 번이고 나오는 키워드를 찾습니다. 밑줄 부분의 앞뒤에 힌트가 있는 경우가 많습니다.

문제6 내용이해 (장문) 4문제

550자 정도의 문장을 읽고 내용에 관련된 선택지를 고른다.

POINT

「＿＿＿とあるが、どのようなものか。」「この文章から○○についてわかることはどんなことか」「この文章のテーマは何か」와 같은 질문에서 개요나 논리의 전개 등을 이해할 수 있는지를 묻는 문제가 출제됩니다.
문장의 개요를 묻는 질문에서는 몇 번이고 나오는 키워드가 힌트가 됩니다.
필자의 생각을 묻는 질문에서는 주장과 의견을 나타내는 표현 (~べきだ、~のではないか、~なければならない、など) 에 주목합니다.

공부법

문제5와 6에서는 우선 전체를 대충 읽는 탑 다운의 읽기 방법으로 큰 의미를 파악하고 다음으로 문제문을 읽고 밑줄 부분의 앞뒤 등 해답으로 이어질 것 같은 부분을 차분히 보는 바텀 업의 읽기 방법을 실행하면 좋습니다. 평소 독해 훈련도 먼저 대충 읽고 큰 의미를 파악한 후 천천히 읽어 나가는 두 가지 읽기 방식을 병용해 주시기 바랍니다.

문제7 정보검색 2문제

광고, 팜플렛 등에서 필요한 정보를 찾아 내어 답한다.

POINT

어떤 정보를 얻기 위해서 전단지 등을 읽게 되는 일상의 독해 활동에 가까운 형태의 문제입니다. 먼저 문제문을 읽고 필요한 정보만을 찾기 위해 읽으면 효율이 좋습니다. 많은 문제는 조건이 제시되어 있고 그것에 맞는 상품이나 코스 등을 선택하는 것입니다. 또한「参加したい／利用したいと考えている人がしなければならないことはどれか。」라는 문제도 있습니다. 이런 경우는 선택지 하나 하나에 대하여 맞는지 본문과 대조하십시오.

공부법

광고나 팜플렛의 정보에 자주 나오는 것은 이해하여 두십시오.

(예) 시간 : 営業日、最終、~内
장소 : 集合、お届け、訪問
요금 : 会費、~料、割引、無料
신청 : 締め切り、要⇔不要、最終、募集人数　　など

청해

공부법

청해는 독해처럼 차분히 정보에 대하여 생각할 여유가 없습니다. 모르는 어휘가 있어도 순식간에 내용이나 발화 의도를 파악할 수 있도록 많이 훈련하여 익숙해지십시오. 그렇지만 맹목적으로 듣기만 해서는 청해 능력은 늘지 않습니다. 말하는 사람의 목적을 파악한 후에 듣도록 하십시오. 또한 청해 능력을 도와주는 어휘·문법의 기초력과 정보처리 속도를 늘리기 위해 어휘도 음성으로 들어 이해할 수 있도록 하십시오.

청해 TIP

일본어능력시험에 대비하여 청해 공부를 하는 사람들은 어떻게 공부해야 빨리 일본어를 잘 듣고 좋은 점수를 받을 수 있는가 하는 질문을 가집니다.
이에 대한 정답은 없습니다. 각자의 일본어 학습 동기와 목적 등에서 독학하는 사람, 학원에 다니는 사람, 학교에서 수업하는 사람 등 매우 다양한 학습 방법에 따라 다르다고 할 수 있습니다.
다만, 여기에서 한 가지 효과적인 방법론에 대해 안내 드립니다.
청해는 기본적으로 음성이 들려서 단어의 뜻이 이해되지 않으면 해석이 불가합니다. 단어를 알게 되면 이 책에서 제시하는 청해 방법에 따라 문제를 푸는 요령을 터득하면 됩니다.
그런데, 단어를 마냥 하나씩 외우기 보다는 그 단어가 들어가는 문장의 음성을 함께 들으면서 외우는 것이 무엇 보다 효율적인 방법이라 할 수 있습니다. 그런 의미에서 본사에서 발행한 <필승합격 일본어능력시험 단어장 시리즈>를 추천합니다.
이 단어장 시리즈는 각 단어와 그 단어가 들어 가는 문장을 자연스럽고 듣기 편한 속도로 녹음하였으므로 음성으로 들으면서 공부할 수 있습니다. 일본어 레벨에 따라 N1에서 N5까지 다섯 권으로 구성하였고 총 10,000개 단어가 수록되어 있습니다.
단어가 사용되는 예문은 주제 및 상황에 맞게 구성되어 실생활과 JLPT 시험에 자주 나오는 문장으로 제시되고 있습니다. 많은 이용을 바랍니다.

문제1　과제 이해　6문제

두 사람의 대화를 듣고 어떤 과제를 해결하는데 필요한 정보를 알아듣는다.

問題1では、まず質問を聞いてください。それから話を聞いて、問題用紙の1から4の中から、最もよいものを一つえらんでください。

상황설명과 질문을 듣는다

🔊 大学で女の人と男の人が話しています。男の人は何を持っていきますか。

▼

대화를 듣는다

🔊 女：昨日、佐藤さんのお見舞いに行ってきたんだけど、元気そうだったよ。

男：そっか、よかった。僕も今日の午後、行こうと思ってたんだ。

女：きっとよろこぶよ。

男：何か持っていきたいんだけど、ケーキとか食べられるのかな。

女：足のケガだから食べ物に制限はないんだって。でも、おかしならいろんな人が持ってきたのが置いてあったからいらなさそう。ひまそうだったから雑誌とかいいかも。

男：いいね。おすすめのマンガがあるからそれを持っていこうかな。

▼

다시 한번 질문을 듣는다

🔊 男の人は何を持っていきますか。

▼

선택지 또는 일러스트에서 답을 고른다

1　ケーキ
2　おかし
3　ざっし
4　マンガ

정답：4

POINT

질문을 확실히 듣고, 들어야만하는 포인트를 좁혀 들으십시오. 질문은「(これからまず) 何をしなければなりませんか。」라는 것이 대부분입니다.「○○しましょうか。」「それはもうやったからいいや。」등으로 이야기가 오락가락하는 경우도 많으므로 주의하십시오.

문제2　포인트 이해　6문제

두 사람 또는 한 사람의 이야기를 듣고 이야기의 포인트를 알아듣는다.

問題2では、まず質問を聞いてください。そのあと、問題用紙を見てください。読む時間があります。それから話を聞いて、問題用紙の1から4の中から、最もよいものを一つえらんでください。

상황설명과 질문을 듣는다	日本語学校の新入生が自己紹介しています。新入生は、将来、何の仕事がしたいですか。
▼ 선택지를 읽는다	（約20秒間）
▼ 이야기를 듣는다	女：はじめまして、シリンと申します。留学のきっかけは、うちに日本人の留学生がホームステイしていて、折り紙を教えてくれたことです。とてもきれいで、日本文化に興味を持ちました。日本の専門学校でファッションを学んで、将来はデザイナーになりたいと思っています。どうぞよろしくお願いします。
▼ 다시 한번 질문을 듣는다	新入生は、将来、何の仕事がしたいですか。
▼ 선택지에서 답을 고른다	1　日本語を教える仕事 2　日本ぶんかをしょうかいする仕事 3　つうやくの仕事 4　ふくをデザインする仕事

정답：4

POINT

질문문을 들은 후에 선택지를 읽을 시간이 있습니다. 질문과 선택지에서 내용을 예상하고 포인트를 좁혀서 들으십시오. 묻는 것은 원인·이유나 문제점, 목적, 방법 등이며 일상의 청해 활동에 가깝습니다.

문제3　개요이해　6문제

두 사람 또는 한 사람의 이야기를 듣고 이야기의 주제, 화자가 말하고 싶은 것 등을 알아듣는다.

問題3では、問題用紙に何もいんさつされていません。この問題は、ぜんたいとしてどんなないようかを聞く問題です。話の前に質問はありません。まず話を聞いてください。それから、質問とせんたくしを聞いて、1から4の中から、最もよいものを一つえらんでください。

상황설명을 듣는다

▼

🔊 日本語のクラスで先生が話しています。

이야기를 듣는다

▼

🔊 男：今日は「多読」という授業をします。多読は、多く読むと書きます。本をたくさん読む授業です。ルールが3つあります。辞書を使わないで読む、わからないところは飛ばして読む、読みたくなくなったらその本を読むのをやめて、ほかの本を読む、の3つです。今日は私がたくさん本を持ってきたので、まずは気になったものを手に取ってみてください。

질문을 듣는다

▼

🔊 今日の授業で学生は何をしますか。

선택지를 듣는다

▼

🔊 1　先生が本を読むのを聞く
2　辞書の使い方を知る
3　たくさんの本を読む
4　図書館に本を借りに行く

답을 고른다

정답：3

POINT

화제가 되는 것은 무엇인지, 가장 말하고 싶은 것은 무엇인지 등을 묻는 문제입니다. 세부적인 것에 구애받지 않고 전체 내용을 듣도록 하십시오. 특히「つまり」「このように」「そこで」등 요지나 본제를 말하는 표현이나「~と思います」「~べきです」등 화자의 주장이나 의견을 말하는 부분에 주의하십시오.

문제4 발화표현 4문제

일러스트를 보면서 상황설명을 듣고 가장 올바른 발화를 고른다.

問題4では、えを見ながら質問を聞いてください。やじるし（→）の人は何と言いますか。1から3の中から、最もよいものを一つえらんでください。

일러스트를 본다

▼

상황설명과 질문을 듣는다

🔊 写真を撮ってもらいたいです。近くの人に何と言いますか。

▼

선택지를 듣는다

🔊 男：1　よろしければ、写真をお撮りしましょうか。
2　すみません、写真を撮っていただけませんか。
3　あのう、ここで写真を撮ってもいいですか。

▼

답을 고른다

정답：2

POINT

처음에 나오는 상황 설명과 질문 용지에 그려진 일러스트에서 상황과 등장 인물의 관계를 잘 이해한 다음 그 상황에 알맞은 전달 방법, 응답을 생각합니다.

문제5　즉시응답　9문제

질문, 부탁 등의 짧은 발화를 듣고 적절한 답을 고른다.

問題5では、問題用紙に何もいんさつされていません。まず文を聞いてください。それから、そのへんじを聞いて、1から3の中から、最もよいものを一つえらんでください。

질문 등의 짧은 발화를 듣는다

▼

선택지를 읽는다

▼

답을 고른다

すみません、会議で使うプロジェクターはどこにありますか。

1　ロッカーの上だと高すぎますね。
2　ドアの横には置かないでください。
3　事務室から借りてください。

정답 : 3

공부법

문제4와 5에는 일상 생활에서 자주 사용되는 인사나 표현이 많이 나옵니다. 평소에 주의하여 외워둡시다. 문형에 대해서도 읽고 아는 것만이 아니라 귀로 듣고 알 수 있도록 공부합시다.

시간 기준

시험은 시간과의 전쟁입니다. 모의고사 문제를 풀 때에도 시간을 확실히 체크하여 풀어 봅시다. 아래는 대략적인 기준입니다.

언어지식 (문자・어휘・문법) 30분

문제	문제수	소요 시간 기준	1문제당 시간
문제1	8문제	3분	20초
문제2	6문제	2분	20초
문제3	11문제	6분	30초
문제4	5문제	3분	30초
문제5	5문제	10분	2분

언어지식(문법)・독해 70분

문제	문제수	소요 시간 기준	1문제당 시간
문제1	13문제	8분	30초
문제2	5문제	5분	1분
문제3	5문제	10분	2분
문제4	단문 4개	8분	단문1개 (1문제) 2분
문제5	중문 2개	12분	중문1개 (3문제) 6분
문제6	장문 1개	10분	장문1개 (4문제) 10분
문제7	정보소재 1개	8분	1문제 4분

청해 40분

청해는 「나중에 다시 한 번 생각하자」 라고 처리하지 마시고 음성을 들으면 바로 답을 판단하여 마크시트에 기입합시다.

제1회 해답 · 해설

필승합격 모의고사 해답용지

N3 げんごちしき（もじ・ごい）

第1回

じゅけんばんごう Examinee Registration Number		なまえ Name	

〈ちゅうい　Notes〉

1. くろいえんぴつ（NB、No.2）でかいてください。
   Use a black medium soft (HB or No.2) pencil.
   （ペンやボールペンではかかないでください。）
   (Do not use any kind of pen.)
2. かきなおすときは、けしゴムできれいにけしてください。
   Erase any unintended marks completely.
3. きたなくしたり、おったりしないでください。
   Do not soil or bend this sheet.
4. マークれい Marking Examples

よいれい Correct Example	わるいれい Incorrect Examples
●	⊗ ✓ ○ ◎ ≋ ⦶ ●

問題1				
1	●	②	③	④
2	①	●	③	④
3	①	●	③	④
4	①	②	③	●
5	①	②	●	④
6	●	②	③	④
7	①	●	③	④
8	①	②	③	●

問題2				
9	①	②	③	●
10	①	②	●	④
11	①	②	●	④
12	●	②	③	④
13	①	②	●	④
14	●	②	③	④

問題3				
15	①	②	③	●
16	●	②	③	④
17	①	●	③	④
18	●	②	③	④
19	①	●	③	④
20	①	②	③	●
21	①	●	③	④
22	●	②	③	④
23	①	②	●	④
24	①	●	③	④
25	①	②	●	④

問題4				
26	①	●	③	④
27	①	●	③	④
28	①	②	③	●
29	●	②	③	④
30	●	②	③	④

問題5				
31	●	②	③	④
32	●	②	③	④
33	①	②	③	●
34	●	②	③	④
35	①	②	③	●

필승합격 모의고사 해답용지

N3 げんごちしき(ぶんぽう)・どっかい

第1回

じゅけんばんごう Examinee Registration Number		なまえ Name	

〈ちゅうい Notes〉

1. くろいえんぴつ(NB、No.2)でかいてください。
   Use a black medium soft (HB or No.2) pencil.
   (ペンやボールペンではかかないでください。)
   (Do not use any kind of pen.)
2. かきなおすときは、けしゴムできれいにけしてください。
   Erase any unintended marks completely.
3. きたなくしたり、おったりしないでください。
   Do not soil or bend this sheet.
4. マークれい Marking Examples

よいれい Correct Example	わるいれい Incorrect Examples
●	⊗ ✓ ○ ◎ ⊜ ⦶ ●

問題1				
1	①	②	③	●
2	①	②	③	●
3	●	②	③	④
4	①	●	③	④
5	●	②	③	④
6	①	●	③	④
7	①	②	●	④
8	①	②	●	④
9	①	●	③	④
10	①	●	③	④
11	①	②	③	●
12	①	●	③	④
13	①	②	③	●
問題2				
14	①	②	●	④
15	①	②	●	④
16	①	●	③	④
17	①	②	③	●
18	①	②	●	④

問題3				
19	①	②	③	●
20	①	●	③	④
21	①	②	●	④
22	①	●	③	④
23	①	②	③	●
問題4				
24	①	●	③	④
25	①	②	③	●
26	●	②	③	④
27	●	②	③	④
問題5				
28	①	●	③	④
29	●	②	③	④
30	①	②	●	④
31	①	②	③	●
32	●	②	③	④
33	①	②	●	④

問題6				
34	①	②	③	●
35	①	②	●	④
36	①	②	③	●
37	①	●	③	④
問題7				
38	①	●	③	④
39	①	②	●	④

필승합격 모의고사 해답용지

N3 ちょうかい

第1回

じゅけんばんごう Examinee Registration Number	

なまえ Name	

〈ちゅうい　Notes〉

1. くろいえんぴつ（NB、No.2）でかいてください。
   Use a black medium soft (HB or No.2) pencil.
   （ペンやボールペンではかかないでください。）
   (Do not use any kind of pen.)
2. かきなおすときは、けしゴムできれいにけしてください。
   Erase any unintended marks completely.
3. きたなくしたり、おったりしないでください。
   Do not soil or bend this sheet.
4. マークれい Marking Examples

よいれい Correct Example	わるいれい Incorrect Examples
●	⊗ ✓ ◯ ◎ ◍ ⦶ ●

問題1

れい	①	②	③	●
1	●	②	③	④
2	①	②	●	④
3	①	●	③	④
4	①	②	③	●
5	①	②	●	④
6	①	②	●	④

問題2

れい	①	②	③	●
1	①	②	●	④
2	①	●	③	④
3	①	②	③	●
4	①	②	●	④
5	●	②	③	④
6	①	②	③	●

問題3

れい	①	②	●	④
1	①	●	③	④
2	①	②	③	●
3	●	②	③	④

問題4

れい	①	●	③
1	①	●	③
2	●	②	③
3	①	②	●
4	●	②	③

問題5

れい	①	②	●
1	①	●	③
2	①	●	③
3	①	②	●
4	●	②	③
5	①	②	●
6	①	●	③
7	①	●	③
8	●	②	③
9	①	●	③

제1회 채점표와 분석

		배점	정답수	점수
문자・어휘	문제1	1점×8문제	／8	／8
	문제2	1점×6문제	／6	／6
	문제3	1점×11문제	／11	／11
	문제4	1점×5문제	／5	／5
	문제5	1점×5문제	／5	／5
문법	문제1	1점×13문제	／13	／13
	문제2	1점×5문제	／5	／5
	문제3	1점×5문제	／5	／5
	합 계	58점		a ／58

60점이 되도록 계산하여 봅시다. a [ ] 점÷56×60＝ A [ ] 점

		배점	정답수	점수
독해	문제4	3점×4문제	／4	／12
	문제5	4점×6문제	／6	／24
	문제6	4점×4문제	／4	／16
	문제7	4점×2문제	／2	／8
	합 계	60점		B

		배점	정답수	점수
청해	문제1	3점×6문제	／6	／18
	문제2	2점×6문제	／6	／12
	문제3	3점×3문제	／3	／9
	문제4	3점×4문제	／4	／12
	문제5	1점×9문제	／9	／9
	합 계	60점		C

A B C 중에 48점 이하인 과목이 있다면 해설과 대책을 읽고 다시 한 번 도전합시다.
(48점은 이 책의 기준입니다) .

※이 채점표의 득점은 아스크출판편집부가 문제의 난이도를 판단하여 배점했습니다.

언어지식 (문자 · 어휘)

◆문자 · 어휘

※해설은 유사표현을 많이 알 수 있도록 알기 쉬운 일본어와 한국어를 병용하였습니다.

問題(もんだい) 1

1 정답 : 1 てんしょく

転職(てんしょく) : 이직

2 転勤(てんきん) : 전근
3 就職(しゅうしょく) : 취직

2 정답 : 2 ばん

晩(ばん)ご飯(はん)＝夕(ゆう)ご飯(はん)＝夜(よる)に食(た)べるご飯 저녁 식사
요즘은 「夜(よる)ご飯(はん)」 이라고도 한다.

3 정답 : 2 えいぎょう

営業(えいぎょう) : 영업

1 開業(かいぎょう) : 개업
4 工業(こうぎょう) : 공업

4 정답 : 4 ちかみち

近道(ちかみち) : 지름길

5 정답 : 3 みとめ

認(みと)める : 인정하다

1 確(たし)かめる : 확인하다
4 求(もと)める : 구하다

6 정답 : 1 げんりょう

原料(げんりょう) : 원료

2 材料(ざいりょう) : 재료
4 賃料(ちんりょう) : 임대료

7 정답 : 2 じゅうたい

渋滞(じゅうたい) : 정체/체증/밀림

8 정답 : 4 ちょうし

調子(ちょうし) : 몸 상태/컨디션

問題(もんだい) 2

9 정답 : 4 遊(あそ)ぶ

遊(あそ)ぶ : 놀다

1 逃(に)げる : 도망가다
2 連(つ)れて行(い)く : 데리고 가다
3 遅(おく)れる : 늦다

10 정답 : 3 重体(じゅうたい)

重体(じゅうたい) : 중태

1 十代(じゅうだい) : 십대
2 重大(じゅうだい) : 중대

11 정답 : 3 帰宅(きたく)

帰宅(きたく)＝家(いえ)に帰(かえ)ること 귀택

12 정답 : 1 冷(つめ)たい

冷(つめ)たい : 차갑다

2 凍(こお)る : 얼다
冷凍(れいとう) : 냉동
3 寒(さむ)い : 춥다
4 涼(すず)しい : 시원하다

13 정답 : 3 栄養(えいよう)

栄養(えいよう) : 영양
栄養(えいよう)をとる : 영양을 섭취하다

1 体調(たいちょう) : 몸 상태/컨디션
2 休養(きゅうよう) : 휴양
□睡眠(すいみん) : 수면

14 정답 : 1 関心(かんしん)

関心(かんしん) : 관심

2 感心(かんしん) : 감탄

問題 3

15 정답 ：4 希望

希望 : 희망

1 興味 : 흥미
2 期待 : 기대
3 確認 : 확인

16 정답 ：1 貯金

貯金 : 저금

2 税金 : 세금
3 現金 : 현금
4 代金 : 대금

17 정답 ：2 不足

不足 : 부족

運動不足 : 운동부족

1 不安(な) : 불안(한)
3 不良 : 불량
4 不満 : 불만

18 정답 ：1 すっかり

すっかり : 완전히

2 ぐっすり寝る : 푹 자다
3 はっきり話す : 확실히 말하다
4 ぴったり合う : 딱 맞다

19 정답 ：2 種

種 : 씨앗

1 林 : 숲
3 草 : 풀
4 葉 : 잎

20 정답 ：4 結果

結果 : 결과

1 研究 : 연구
2 検査 : 검사
3 調査 : 조사

21 정답 ：2 トラブル

トラブル : 트러블

1 ドリブル : 드리블
3 サポート : 서포트
4 サイクル : 사이클

22 정답 ：1 ひねった

ひねる : 비틀다

2 ほる : 파다
3 なでる : 쓰다듬다
4 しぼる : 쥐어짜다

23 정답 ：3 文句

文句 : 불만

文句ばかり言う＝いつも文句を言っている

1 会話 : 회화
2 電話 : 전화
4 笑顔 : 미소

24 정답 ：2 くやしい

くやしい : 분하다

1 はげしい : 격하다
3 あやしい : 수상하다
4 むずかしい : 어렵다

25 정답 ：3 原因

原因 : 원인

1 理解 : 이해
2 説明 : 설명
4 様子 : 상태/모양

問題 4

26 정답 ：2 さらに

ますます＝さらに : 점점/더욱더

27 정답 ：2 無料

ただ＝無料 : 무료

1 割引 : 할인
3 (お)得になる : 득이 되다
4 半額 : 반액/반값

28 정답 ：4 だめになり

くさる＝だめになる : 상하다＝못쓰게 되다

29 정답 ：1 しょうじきな

そっちょくな＝正直な : 솔직한/정직한

2 生意気な : 건방진

3 難しい : 어렵다

30 정답 ：1 うるさい

やかましい＝うるさい : 시끄럽다

問題 5

31 정답 ：1 先生のことは、決して忘れません。

決して～ない : 결코~하지 않다

32 정답 ：1 会議の場所のメールを後輩にも転送した。

（メールの）転送 : (이메일) 전송

2 横を見ながら運転すると危ないですよ。

運転 : 운전

3 郵便局へ行って荷物を発送した。

発送 : 발송

33 정답 ：4 友達に文化祭を見に行こうと誘われた。

誘う : 권유하다/청하다

※ [意向形 (의향형)] 과 함께 사용하는 경우가 많다.

2 部下から来週月曜日は休ませてほしいと頼まれた。

頼む : 부탁하다

34 정답 ：1 体調が悪くて食欲がない。

食欲 : 식욕

2 この油は食用なので料理に使います。

食用 : 식용

3 もうすぐ食事の時間ですよ。

食事 : 식사

4 お昼ご飯は近くの食堂で食べます。

食堂 : 식당

35 정답 ：4 今より安定した仕事を見つけたい。

安定 : 안정

1 安全のためにヘルメットをかぶりなさい。

安全 : 안전

2 休みの日は安心してビールが飲める。

安心 : 안심

언어지식 (문법) · 독해

◆문법

問題 1

1 정답 ：4 べき
～するべき＝～しなければならない
～해야 한다

2 정답 ：4 にたいして
～にたいして：～에 대해서

3 정답 ：1 ようでしたら
～ようなら／～ようだったら：「～ようだ」＋「～なら」／「～たら」。「そのような場合は」라는 뜻.

4 정답 ：2 かぎる
～にかぎる＝～が最高だ ～가 최고다

5 정답 ：1 を
「道を歩く」「空を飛ぶ」의「を」와 마찬가지로「期間を過ごす」라고 한다.

6 정답 ：2 せっかく
せっかく：모처럼

7 정답 ：3 ことだ
～ことだ＝～したほうがいい

8 정답 ：3 集まりしだい
～しだい＝～したらすぐに ～하면 바로

9 정답 ：2 歩くしかない
～しかない＝～以外に方法がない ～밖에 없다

10 정답 ：2 である
～かのように：「本当は～ではないが、～みたいに」라는 뜻. ～에는 동사의 [辞書形] 또는 [た形] 이 온다.

11 정답 ：4 吸うな
「禁煙」이라고 쓰여있으면「ここでたばこを吸わないでください」라는 뜻. 금지는「吸うな」。

12 정답 ：2 つけたまま
～まま：어떤 상태가 계속되고 있는 것을 나타낸다. 앞 쪽이「～を」이므로「ついたまま」는 아니고「つけたまま」를 선택한다.

13 정답 ：4 はずがない
～はずだ＝きっと～だと思う ～일 것이다
～はずがない＝～ないと思う ～이지 않을 것이다

問題 2

14 정답 ：3
週末に 4うちの店で 1アルバイトをして 3くれる 2留学生 を探しています。

15 정답 ：3
どんなにつらくても、生きていかなければならない。4生きて 2いる 3から 1こそ 喜びもあるのだ。
～からこそ：~기 때문에 (이유의 강조)

16 정답 ：2
お客さんから、スタッフの 4あいさつに 1元気がない 2という 3クレーム があった。

17 정답 ：4
私の 2恋人 1ほど 4かわいい人 3は いない。

~ほど…は いない／ない＝~만큼…는 없다.

18 정답 ：3

この図の 2**とおりに** 1**紙を** 4**折って** 3**みて** ください。

~のとおりに：~대로

~てみる：~해보다

問題 3

19 정답 ：4 なぜかというと

[接続詞] 문제에서는 앞뒤를 잘 볼 것.

이 문제에서는 앞 쪽이「温泉には行きたくないと思っていた」이며 뒷 쪽이「私の国にはない習慣で~恥ずかしいと思ったから」이므로 [理由] 를 나타내는 표현을 넣는다.

20 정답 ：2 によると

~によると：~에 의하면

21 정답 ：3 楽しめるようになりました

楽しむ：즐기다

~ようになる：상태가 변화하는 것을 나타낸다

22 정답 ：2 このような

23 정답 ：4 何より

앞뒤를 보면 앞 뒤 모두 온천의 장점에 대해 쓰여 있으므로「添加」의 말을 넣는다.

◆ 독해

問題4

(1) 24 정답 ：2

1**線香花火は手で持つタイプの花火**で、火をつけると火の玉ができます。火花は小さく、木の小枝のようにパチパチと飛び散り、だんだん弱くなって最後には火の玉がポトッと落ちます。2**火花が長く続くようにするには、火をつける前に火薬が入っている部分を指で軽く押さえて空気を抜くといい**ようです。また、新しい花火より3**1年前の花火のほうが、火薬が中でよくなじんで安定したきれいな花火が見られる**という人もいます。4**余ったら袋に入れて、冷暗所に置いておく**といいでしょう。

1 선향불꽃은 손에 드는 것
2 ○
3 1년 전의 불꽃놀이가 더 예쁘게 보였다
4 냉암소에 넣을 수 있는 것은 남은 선향불꽃. 또한 냉장고와 냉암소는 다르다

암기하자!
□線香花火：선향불꽃(센코하나비)
□火の玉：불덩어리
□冷暗所：냉암소(처)(습도가 낮고 빛이 차단된 곳)

(2) 25 정답 ：4

みなさま

お疲れさまです。

明日の7：00から10：00に1**電気設備の交換工事が予定されています**。

その時間はビル全体で電気が止まります。

つきましては、明日の始業時間は10：00とします。

2**部長会議**は9：30からの予定でしたが、10：30からに変更します。

朝は停電のため、電話やWi-fiがつながらなくなります。

3**必要に応じて、社外の人に伝えてください。**

4**今日は、パソコンの電源は切って帰ってください。**

よろしくお願いします。

関口

1 공사를 하는 것은 사원이 아니다
2 회의를 하는 것은 부장만
3 사외 사람에게 전달하는 것은 필요한 사람만
4 ○

□停電：정전
□必要に応じて：필요에 따라서

(3) 26 정답 ：1

> ジュースなどを飲むのに、ストローを使って飲む人は多いでしょう。しかし今、このストローが良くないという意見が世界中で増えています。原料であるプラスチックがごみとなり、海を汚し、そこに住む生物に悪い影響を与えているのです。
>
> このため、プラスチックのストローを使うのをやめようという運動が始まっています。そのかわりに考えられたのが、紙や木からつくられたストローです。これらはすでにいくつかのコーヒーショップやレストランなどで使われていますが、値段が高いことが問題です。これについては今後解決しなければなりません。

문장을 쓴 사람이 말하고 싶은 것은

·플라스틱 빨대는 환경에 좋지 않다→3은 ×

·종이와 나무로 만든 빨대는 가격이 비싸서 문제다→4는 ×

·빨대를 사용하는 장소는 관계없다→2는 ×

암기하자!

□環境：환경
□影響：영향
□運動：운동

(4) 27 정답 ：1

> 学生のみなさん
>
> 駐輪場の工事について
>
> 1月28日より2月12日まで工事を行うので、現在利用している北駐輪場と南駐輪場は利用できません。
>
> 1 **自転車は東駐輪場に、オートバイは西駐輪場に**停めてください。
>
> どちらの駐輪場も朝7時に門が開きます。4 **それ以前に利用したい場合は、学生課に申し込みをしてください**。特別に職員用駐輪場を利用できます。
>
> なお、すべての駐輪場は 2 **夜9時に閉まります。それ以降は自転車・オートバイを出せません**のでご注意ください。
>
> 学生課

2 밤 9시부터 이후는 어느 쪽도 낼 수 없다

3 기간중에는 어느 날도 이용할 수 없다

4 아침 7시 이전에 이용하는 경우는 신청이 필요

암기하자!

□以降(いこう) : 이후
□申し込み(もうしこみ) : 신청

問題(もんだい)5

(1) 28 정답 : 2　29 정답 : 1　30 정답 : 3

日本(にほん)は地震(じしん)が多(おお)い国(くに)だから考(かんが)えておかなければならないことがある。地震(じしん)がおこったときにまずどうするかということと、地震(じしん)がおこる前(まえ)に何(なに)を準備(じゅんび)しておくかということだ。

実際(じっさい)に揺(ゆ)れを感(かん)じたら、28 **まず机(つくえ)やテーブルなどの下(した)にかくれる**。そして揺(ゆ)れが止(と)まった後(あと)、台所(だいどころ)で火(ひ)を使(つか)っていたら消(け)して、それから安全(あんぜん)な場所(ばしょ)へ逃(に)げる。29 **逃(に)げる場所(ばしょ)は、市(し)や町(まち)が決(き)めた学校(がっこう)など**が多(おお)いので、確認(かくにん)しておく必要(ひつよう)がある。これについては事前(じぜん)に家族(かぞく)で話(はな)し合(あ)い、実際(じっさい)に一度(いちど)、家(いえ)から①**そこ**まで歩(ある)いておくのも良(よ)いだろう。

また、30 **地震(じしん)がおこる前(まえ)に重要(じゅうよう)なのは、食料(しょくりょう)と水(みず)の用意(ようい)だ**。少(すく)なくとも、3日分(かぶん)の量(りょう)が必要(ひつよう)だと言(い)われている。私(わたし)がすすめる方法(ほうほう)は、それらを特別(とくべつ)に買(か)って保存(ほぞん)するのではなく、いつもより少(すこ)し多(おお)めに買(か)い、使(つか)ったらまた足(た)すという方法(ほうほう)だ。食料(しょくりょう)は料理(りょうり)しなくても食(た)べられるものがいいだろう。

このように、普段(ふだん)の生活(せいかつ)の中(なか)で、地震(じしん)に対(たい)する②準備(じゅんび)をしておくことが必要(ひつよう)なのだ。

28 지진→2→3→1. 4는 지진 전에 해 놓을 것

29 집에서 피난하는 장소까지 걸어 볼 것. 피난 장소는 시나 마을이 정한 장소

30 確保(かくほ)する=用意(ようい)する 확보하다=준비하다

암기하자!

□実際(じっさい) : 실제
□確認(かくにん) : 확인
□事前(じぜん) : 사전
□重要(じゅうよう) : 중요
□保存(ほぞん) : 보존
□普段(ふだん) : 보통/평소

(2) 31 정답 : 4　32 정답 : 1　33 정답 : 3

レトルトカレーは、数分温めるだけで簡単にカレーが食べられる商品です。レトルトという技術ははじめ、アメリカで**31 軍隊が遠くへ出かけるときに持っていく携帯食として開発**され、アポロ11号の宇宙食にも使われたことがあります。日本の企業がそのレトルト技術を研究し、家庭の食品用に利用したのです。

製造の工程を見ると、レトルトカレーは三重構造になっている特別な容器に入れられ、真空パックされます。このとき、**32 材料の肉は先にゆでられます**が、野菜はまだ生のままです。そのあと、圧力が加えられ120度の温度で35分間、加熱して材料に火を通し、菌を殺します。こうすることで、**33 約２年間も保存することができます**。

レトルトカレーの材料は、一般的なものから変わったものまでいろいろあり、日本各地の名産品が使われることも多くあります。食感や甘さなど、それぞれの名産品の良さをいかして、新しい味のレトルトカレーがたくさん作られています。

31 레토르트 카레는 군대가 멀리 나가 요리를 할 수 없을 때를 위해 개발되었다.

32 ゆでる＝뜨거운 물에 음식물을 넣어서 열을 가하는 일

33 레토르트 카레는 미국에서 개발되어 일본 기업이 가정 식품용으로 이용했다. 약 2년간 보존 가능

問題6

34 정답 : 4　35 정답 : 3　36 정답 : 4　37 정답 : 2

風呂敷というのは、四角い布のことで、物を包むのに使います。**34 包んだものを運んだり、しまったり、人に贈ったり、幅広い使い方があります**。しかし、最近では物を運ぶのには紙袋やレジ袋が、物をしまうのにはプラスチックの箱や段ボール箱が使われるようになり、風呂敷は昔ほど使われなくなりました。

風呂敷のように、四角い布を生活の中で広く利用する習慣は、世界のいろいろな地域で見られます。日本では奈良時代から使われていたことがわかっていますが、風呂敷という言葉は江戸時代に広がりました。**35 風呂で脱いだ服を包んだり、風呂から出るときに床に敷いたりしたことから、そう呼ばれるようになりました**。その後、風呂以外でも、旅の荷物やお店の商品を運ぶのに使われるようになりました。風呂敷は、包むものの大きさによって、いろいろな大きさが

34 문장의 맨 처음에 보자기의 설명이 있으므로 선택지와 같은 내용이 쓰여 있는 곳을 찾는다

35 「そう呼ばれるようになりました」의 직전을 체크한다

あります。包み方を変えれば、長いものや丸いものなど、**36 いろいろな形のものも上手に包んで運ぶことができます。**

最近では環境破壊が問題になっていますが、風呂敷は何度も繰り返し使えるため、エコバックとして見直されています。物を包むだけではなく、物の下に敷いたり、壁にかけたりすれば、インテリアとしても活用することができるのです。

36

1 보자기는 사각형

2 네모난 천을 이용하는 습관은 세계 각지에 있지만 보자기는 일본의 문화

3 보자기는 나라시대부터 현재까지 사용되고 있다

4 ○

37 이사 이야기는 없다

問題 7

38 정답 ：2　39 정답 ：3

環境学習リーダーになろう！

受講料無料　定員20名

★環境や自然に興味があり、何か活動を始めたい！
★自然のすばらしさを子どもたちに伝えたい！
★環境分野で社会のために何かしたい！

講座を修了すると、「市の環境学習指導者」に登録できます。登録者には市が、環境教室の講師やアシスタントをお願いします。

	日程・場所		講座名		内容
1	7/20 土	市役所（中区）	10:30 〜 12:00	オリエンテーション	講座の説明と参加者の自己紹介
			13:00 〜 14:30	環境問題とは	環境問題と市内の現状について学び、どんな対策が必要か考えます。
2	8/3 土	緑化センター（東区）	10:00 〜 12:00	自然観察の体験	環境学習のときの、自然観察の方法を森林公園で学びます。
			13:00 〜 14:30	リスク管理	外での楽しく活動するための、安全管理を学びます。
3	8/24 土	ソーラー館（西区）	10:00 〜 12:00	地球温暖化について	地球温暖化のしくみや現状を知り、市の取り組みを学びます。
			13:00 〜 14:30	自然エネルギー	地球にやさしい省エネをしながら、気持ちよく生活する方法を学びます。
4	9/21 土	清掃工場（北区）	10:30 〜 12:00	清掃工場の見学	市内で出るごみの現状を学びます。
			13:00 〜 14:30	ごみ減量対策	ごみの減らし方と市内での取り組みについて学びます。
5	10/5 土	市役所（中区）	10:00 〜 12:00	成果発表の準備	講座の成果発表の準備をします。
			13:00 〜 15:00	成果発表	学んだことをプレゼンテーション形式で発表します。

【応募資格】市内に在住または通勤、通学する18才以上の方で、環境教育や環境保護活動を実践する意欲のある方。
【申込方法】申込用紙に必要事項を記入して、7/6（土）までに市役所環境課へ提出してください（直接・Fax・Eメール）。

38 매회 행사장이 다르므로 2가 올바르다. 3은 시민이 아니지만 시내로 통근·통학하고 있다면 참가할 수 있다. 4는 직접·fax·이메일로 신청한다

39 수력발전과 풍력발전으로 만든 전력을 「자연에너지」라고 부른다

제1회

문자·어휘 문법 독해 청해

청해

問題1

れい　정답 : 4

N3_1_03

大学で女の人と男の人が話しています。男の人は何を持っていきますか。

F：昨日、佐藤さんのお見舞いに行ってきたんだけど、元気そうだったよ。

M：そっか、よかった。僕も今日の午後、行こうと思ってたんだ。

F：きっとよろこぶよ。

M：何か持っていきたいんだけど、ケーキとか食べられるのかな。

F：足のケガだから食べ物に制限はないんだって。でも、おかしならいろんな人が持ってきたのが置いてあったからいらなさそう。ひまそうだったから雑誌とかいいかも。

M：いいね。おすすめのマンガがあるからそれを持っていこうかな。

男の人は何を持っていきますか。

1ばん　정답 : 1

N3_1_04

女の人と男の人が駐車場の精算機の前で話しています。男の人はこのあとすぐ何をしますか。

F：この駐車場、どうやってお金を払うんだっけ？

M：この **1 機械の画面に車をとめている場所の番号を入力する**だけだよ。

1 ○

F：わかった。あ、**3このビルで買い物**したら2時間無料だって！

M：本当だ。「**4レシートのバーコードをここに当ててください**」？

F：レシートまだ持ってる？

M：あ、しまった、さっき**2トイレに行ったときいらないと思って捨ててきちゃった**。

F：そうなの？　じゃ、しょうがないね。

M：今度来るときはレシート取っておくようにするよ。

男の人はこのあとすぐ何をしますか。

2~4 이 건물에서 쇼핑할 때의 영수증이 있다면 2시간 무료. 하지만 이 남성은 영수증을 버리고 말았다.

암기하자!

☐駐車場：주차장
☐精算機：정산기
☐お金を払う：돈을 지불하다
☐画面：화면
☐入力：입력
☐レシート：영수증

2ばん　정답：3

N3_1_05

女の人と男の人が話しています。女の人はこのあと何をしますか。

F：さっきのお店でかわいいバッグ見つけちゃった。

M：へえ。どんなバッグ？

F：今年はやってるデザインで、学校のファイルとかも入れやすそうなの。

M：今持ってるそのバッグもすてきだけど？

F：うん、気に入ってるけど、もう一つあってもいいかなと思って。

M：それなら、今すぐ買わなくてもいいんじゃない？　いくら？

F：**2値段はもうチェックした**けど、大丈夫、お金あるし。

M：今度の週末まで待って、それでもやっぱりほしいと思ったらまた買いに来れば？

1 대화 속에 없다.

2 チェック＝確認。

제1회

문자・어휘 문법 독해 청해

F：え〜。だって4**今セールって書いてあった**から。

M：セールは週末までやってるから安心して。

F：そう？　3**じゃ、そうしようかな。**

女の人はこのあと何をしますか。

3「そうしようかな」의「そう」는「週末まで待つ」를 뜻한다.

4 세일은 시작되었다.

암기하자!

- □ はやる：유행하다
- □ すてき：멋지다
- □ セール：세일

3ばん　정답：2

N3_1_06

女の人と男の人がバレエの公演について話しています。女の人はこのあと何をしますか。

F：見てみてこのチラシ。来月の連休にロシアの有名なバレエ団が来るんだって！　1**もうチケット取っちゃった。**

M：そんなに好きなんだ。

F：うん、今はやめちゃったけど、小さいころバレエやってて、今もときどき見に行くの。

M：へえ。会場は…、え、ちょっと遠くない？　新幹線で2時間ぐらいかかるよ。

F：そうなんだけどね、でもロシアのバレエは日本じゃなかなか見られないから絶対見たいの。

M：すごいね。2**新幹線の席も予約しておいたら**？　連休だしきっと混んでるよ。

F：そっか、そうだね。

M：バレエもストーリーがわかったら楽しめるんだろうな。4**僕もちょっと勉強しようかな。**

F：興味があったらまた言って。バレエの情報はたくさんもってるから。

女の人はこのあと何をしますか。

1 티켓은 이미 가지고 있다

2 이후에 여성이「そっか、そうだね」라고 동의하고 있다

3 이번 정보는 이미 갖고 있다. 그 외의 공연 정보는 특별히 지금 찾아볼 필요는 없다

4 발레에 대하여 공부하려고 생각하고 있는 것은 남성

암기하자!

□公演：공연
□チケット：티켓
□チラシ：전단지

4ばん　정답 ：4

N3_1_07

男の人とカフェの店員がWi-fiについて話しています。男の人はこのあとすぐ何をしますか。

M：あの、無料でWi-fiが利用できるって聞いたので、試しているんですがちょっとつながらなくて…。

F：Wi-fiの設定のところ、こちらのIDは出てきますか。

M：1 **はい**。そのあとの 2 **パスワード入力がよくわからないんです。**

F：Wi-fiパスワードは毎日変わりまして、レシートに表示されます。

M：あ、そうなんですね。4 **もう財布にしまっちゃった。探してみます。**

F：見つからなかったらおっしゃってください。

男の人はこのあとすぐ何をしますか。

1 Wi-fi의 ID가 나오는지(표시되는지) 묻기에 「はい」라고 답하고 있다.

2 패스워드는 아직 모른다

3 대화 속에 나오지 않는다

4 패스워드는 영수증에 적혀 있다→영수증은 지갑에 넣었다→이제 영수증을 찾는다

암기하자!

□試す：시험하다
□つながる：연결되다
□設定：설정
□ID（アイディー）：아이디
□パスワード：패스워드
□入力：입력
□表示：표시

5ばん 정답 : 3

N3_1_08

女の人と図書館の人が話しています。女の人はこのあとすぐ何をしますか。

F：すみません、この本、昨日までに返さないといけないことを忘れていて…。

M：ちょっと確認しますね。失礼します。…はい、では今日ご返却ということでお預かりします。

F：申し訳ありませんでした。

M：いえ、他の方の予約も入っていませんでしたので、今日は大丈夫ですよ。今後気をつけてくださいね。

F：はい、気をつけます。他にも２冊借りているんですが、すみません、そちらの返却期限は、いつかわかりますか。

M：**3図書館の利用者カードをお借りしてもよろしいでしょうか。4記録を確認します。**

F：お願いします。

女の人はこのあとすぐ何をしますか。

1 대화의 맨 처음에 책을 돌려주는 것을 잊었다고 말했다

2 대화 속에 나오지 않는다

3 ○

4 기록을 확인하는 것은 도서관 사람

기하자!

□返却 : 반환
□期限 : 기한
□お～してもよろしいでしょうか。:「～てもいいですか」의 정중한 표현
□記録 : 기록

6ばん　정답：3

N3_1_09

テニス教室で女の人と受付の人が話しています。女の人は来週水曜日に何を持ってこなければなりませんか。

F：すみません、テニスを習いたいんですけど。

M：はい。では、こちらの教室について説明します。どのクラスもレッスンは週に１回で、**レッスン料が１か月8000円**です。**会員になるときに6000円**いただいているんですが、いまちょうどキャンペーン期間中なので、今月中、**つまり来週水曜日までに会員になっていただければ、6000円は無料**になります。

F：そうですか。今日、申し込んで、お金はあとでもいいですか。

M：はい。水曜日までに払っていただければけっこうです。

F：じゃ、お願いします。水曜日は来られるので。その日からレッスン、受けられますか。

M：はい。ラケットとくつは持っていらっしゃいますか。無料でお貸しすることもできますが。

F：**くつは持っているので自分のを使います。ラケットはお借りします。**

M：わかりました。それでは、水曜日にお待ちしています。

女の人は来週水曜日に何を持ってこなければなりませんか。

레슨비 8,000円→필요

회원이 되는 돈 6,000엔→캠페인 기간 중으로 무료

신발→필요

라켓→교실에서 빌린다

암기하자!

□～料：~료/~비
□会員：회원
□期間中：기간중
□無料：무료
□申し込む：신청하다
□ラケット：라켓

問題2

れい　정답 : 4

N3_1_11

日本語学校の新入生が自己紹介しています。新入生は、将来、何の仕事がしたいですか。

F：はじめまして、シリンと申します。留学のきっかけは、うちに日本人の留学生がホームステイしていて、折り紙を教えてくれたことです。とてもきれいで、日本文化に興味を持ちました。日本の専門学校でファッションを学んで、将来はデザイナーになりたいと思っています。どうぞよろしくお願いします。

新入生は、将来、何の仕事がしたいですか。

1ばん　정답 : 3

N3_1_12

男の人と女の人がインフルエンザについて話しています。冬にインフルエンザのウイルスと戦うには、何がよいと言っていますか。

M：毎年冬になるとインフルエンザがはやるけど、どうして冬なのか知ってた？

F：だって寒いからでしょ。夏と違って、空気も乾いてるし。

M：そうそう。空気が乾いてると、ウイルスが長い時間空気の中を飛び回ることができるんだって。

F：へえ。

M：温度も関係していてさ、ウイルスが増えるのに一番いい温度は33度ぐらいなんだって。人の体温は37度ぐらいだけど、冬、冷たい空気に触れている鼻やのどはちょうどそのぐらいなんだね。

F：冬はウイルスが増えやすい条件がそろってるってわけね。

M：それに、太陽の光に当たる時間も少なくて、体の中のビタミンDが少なくなるんだ。

F：ビタミンD？

M：うん、ビタミンDはインフルエンザのウイルスと戦う力を持ってるんだって。

이야기의 내용

겨울은 햇빛을 쬐는 시간이 짧아진다
↓
몸 속 비타민D가 적어진다
↓
인플루엔자 바이러스와 싸울 수 없다

F：そっか。**寒い冬でも外で元気に運動して、太陽の光を浴びてると、抵抗力もつく**んだね。

冬にインフルエンザのウイルスと戦うには、何がよいと言っていますか。

암기하자!

□インフルエンザ：인플루엔자/독감
□ウイルス：바이러스
□飛び回る：날아다니다
□温度：온도
□湿度：습도
□体温：체온
□触れる：닿다/접촉하다
□条件：조건
□戦う：싸우다
□抵抗力：저항력

2ばん　정답：2

N3_1_13

정규직 사원→아르바이트→프리랜서에 대해 이야기를 하고 있다.

女の人が、働き方について話しています。フリーターはどのような人だと言っていますか。

F：社会にはいろいろな仕事があり、働き方にもいろいろあります。正社員は、ずっと同じ会社で働く約束をした人たちで、長い間働いて経験が増えるほど、給料も高くなるのが普通です。アルバイトは、仕事を始めたりやめたりするのは正社員より簡単です。**アルバイトで生活のお金を作っている人のことをフリーターといいます**。正社員に比べると収入が少ないのが問題になっています。フリーランスは、一つの会社に入らないで仕事をする人のことです。自分で自分をアピールして仕事をもらってこなければいけませんが、たくさん稼ぐことも可能です。

フリーターは 아르바이트로 먹고 사는 사람

フリーターはどのような人だと言っていますか。

암기하자!

□正社員：정사원/정규직 사원
□給料：월급/급여
□収入：수입
□稼ぐ：(돈을) 벌다

3ばん　정답：4

N3_1_14

女の先生が小学生に、社会見学について話しています。この先生が小学生にもっとやってもらいたいことは何ですか。

F：来週、ピアノ工場に見学に行きます。電車を使って近くの駅まで行って、そこから工場までは歩いていきます。電車の中の**1マナーについてはこの前勉強しました**ね。静かにして、お年寄りがいたら席をゆずりましょう。話を聞くときはどうですか。先月、郵便局に見学に行ったとき、みなさん、郵便局の人の**3話を静かに聞けました。とてもよかったです**。でも、**4もっと質問をしてもいいかなと思いました**。自分がわからないと思ったこと、どうしてだろうと思ったことを、どんなことでも聞いてみてください。

小学校の先生が小学生にもっとやってもらいたいことは何ですか。

1 공부했다

2 선생님은 말하고 있지 않다

3 이미 되어 있다

4 ○

암기하자!

□見学：견학

□マナー：매너

□お年寄り：노인

□ゆずる：양보하다

4ばん　정답：3

N3_1_15

男の人が小学生に、お金をかせぐ方法について話しています。将来お金を増やすために、今できることは何だと言っていますか。

M：お金持ちになるために**3一番大事なことは、人から信じてもらえる人になること**です。そのためには、時間を守ったり、自分の仕事を最後まできちんと終わらせることが必要です。また、好ききらいをせずに、頼まれた仕事はどんな仕事でもやってみるという姿勢も大事です。このような姿勢はみなさんのいつもの生活で練習することができます。朝は自分で早く起きて学校に行く、夏休みの宿題を早めに終わらせる、**4家族からお願いされた仕事を忘れずにやる**、など、小さいことの積み重ねが練習になるのです。

将来お金を増やすために、今できることは何だと言っていますか。

1 남성은 말하고 있지 않다

3 ○

4 횟수가 아니라 확실히 하는 것이 중요

암기하자!

□かせぐ：(돈을) 벌다
□信じる：믿다
□きちんと：제대로
□好ききらい：좋고 싫음/호불호
□姿勢：자세
□積み重ね：축적

5ばん　정답：1

N3_1_16

男の人がケアマネージャーにインタビューしています。ケアマネージャーの仕事は何ですか。

M：渡辺さんは、ケアマネージャーをされているということですが、すみません、ケアマネージャーはどんな仕事をするんでしょうか。

F：そうですね…。例えば、お年寄りが病気になった場合、どうすると思いますか。

M：病院に行きます。

F：はい、多くの方は病院に行きますが、病院に行くことが難しい方や、病院に行きたくない、と思われる方もいます。そのような方のために、医者がご自宅に行って病気をみる、「在宅医療」という仕組みがあります。

M：「在宅医療」ですか？

F：はい。病院に行かなくても、医者や看護師が自宅に行ったり、**4薬剤師さんという人が薬を届けて**飲み方を教えてくれたりします。

M：たくさんの人が協力して、一人のお年寄りをみているんですね。

F：はい、そこで大事なのがたくさんの人をまとめる役、ケアマネージャーなんです。

ケアマネージャーの仕事は何ですか。

이야기의 내용

병원이 아니라 본인의 집에서 진료를 받는「재택의료」라는 구조가 있다.
↓
많은 전문가가 협력하고 있다
↓
케어매니져는 많은 사람을 정리하는 일

2와 **3**은 병원에서 하는 것이므로 ×

4 약을 옮기는 것은 약제사

암기하자!

□インタビュー:인터뷰
□自宅:자택
□仕組み:구조
□協力:협력
□まとめる:모으다/정리하다

6ばん 정답 :4

N3_1_17

ラジオで女の人が、博物館について話しています。よい博物館とはどんな博物館だと言っていますか。

F:仕事でもしゅみでもよく博物館に行くのですが、この前行った博物館のことでお話したいことがあります。その博物館は、展示も説明もまあまあでしたが、働いている方のことが心に残りました。私がふと思ったことを質問したのですが、そのスタッフの方はノートを広げて確認しながらていねいに質問に答えてくれました。3**お客様への対応マニュアルかなと思ったのですが**、話を聞くと、お客様から受けた質問について毎回メモをとり、そのあと自分できちんと調べてまとめているのだそうです。4**このような人が働いている博物館は頼りになりますし、とてもよい博物館だと思います。**

よい博物館とはどんな博物館だと言っていますか。

1・2 여성은 이야기하고 있지 않다

3 「~と思ったのですが、…」라고 할 때는 실제는~가 아니었다라는 경우가 많다

4 ○

암기하자!

□博物館:박물관
□展示:전시
□心に残る:마음에 남다
□ふと:갑자기/문득
□ノートを広げる:노트를 펼치다
□対応:대응
□マニュアル:매뉴얼
□メモをとる:메모를 하다

問題3

れい　정답 ：3　　N3_1_19

日本語のクラスで先生が話しています。

M：今日は「多読」という授業をします。多読は、多く読むと書きます。本をたくさん読む授業です。ルールが3つあります。辞書を使わないで読む、わからないところは飛ばして読む、読みたくなくなったらその本を読むのをやめて、ほかの本を読む、の3つです。今日は私がたくさん本を持ってきたので、まずは気になったものを手に取ってみてください。

今日の授業で学生は何をしますか。

1　先生が本を読むのを聞く

2　辞書の使い方を知る

3　たくさんの本を読む

4　図書館に本を借りに行く

1ばん　2　　N3_1_20

男の人が会社の研修で、機械について話しています。

M：若い人たちに機械加工を教えるときには、実際に機械を使わせることが大事です。でも、基本的な安全マニュアルやルールをやぶって、小さい切り傷を作ったりすることはよくあります。それでも「経験しなければわからない」では困ります。**機械を使うときは、どのような危ないことがあるのかを知ったうえで作業する、安全マニュアルはそのような危険がないようにするためのものである、ということを教えなければなりません。**

男の人は、機械のどんなことについて話していますか。

1　若い人が機械を使えないこと

2　危険を知ってから機械を使うこと

3　危険のない機械を開発すること

4　使う人の年齢に合わせて機械が開発されていること

危ないこと＝危険。知ったうえで＝知ってから。→2가 올바르다

암기하자!

□研修 : 연수
□加工 : 가공
□基本的 : 기본적
□（約束やルールを）やぶる : (약속이나 규칙을) 어기다
□切り傷 : 상처
□どのような~のか : 어떠한 ~인가?
□~うえで : ~위에서
□作業 : 작업

2ばん　정답 : 4

N3_1_21

女の人が市民講座で、デザインについて話しています。

F : みなさんがいすを作るとしたら、どんなデザインを考えますか。今までにない新しいデザインでしょうか。安い材料で簡単に作れるデザインだったら、一度にたくさん作れるかもしれません。でも、**使ってもらわないと意味がありません**。そこでまず、お客さんの使い方を考えます。例えば、会社のいすは、長く座っても疲れないデザインがいいですね。レストランのいすは、リラックスできるものを、病院のいすは、菌に強い材料を使うといいと思います。

「意味がない」는 강한 단어. 사용되는 것이 중요하다고 [強調] 하고 있다.

女の人は、デザインについて何が大事だと言っていますか。

1　いつも新しいデザインを考えること
2　作るときにお金がかからないデザインを考えること
3　一度に多くの製品を作れるデザインを考えること
4　使われ方をイメージしてデザインを考えること

□デザイン : 디자인
□~としたら=~場合は、~なら ~한다면/~경우에는
□~だったら : ~이었다면
□材料 : 재료
□リラックス : 릴렉스

3ばん　정답：1

🔊 N3_1_22

男の学生と女の留学生が車について話しています。

M：車には、運転席が右側にある、右ハンドルの車と、左側にある、左ハンドルの車があるよね。どうしてか知ってる？

F：アメリカやヨーロッパで左ハンドルの車が多いのは、車が道路の右側を走るからでしょ。反対側から走ってくる自動車がよく見えるように。日本ではその逆で、右ハンドルが多いよね。

M：そうそう。でもそれがどうしてか知ってる？

F：え？　どうして？

M：江戸時代、さむらいが刀を左側にさしていて、刀がぶつからないように道路の左側を歩いたんだって。その後、馬にのるようになっても、馬が車に変わっても、その習慣が残ったというわけ。

男の学生は、日本の車の何について話していますか。

1　右ハンドルが多い理由

2　道路の右側を走る理由

3　馬から車に変わった理由

4　外国の車より安全な理由

이야기의 내용

여학생이 미국이나 유럽에 왼쪽 핸들의 자동차가 많은 이유를 설명

↓

남학생이 일본의 자동차가 도로 좌측을 주행하게 된 이유를 설명

□ハンドル：핸들/운전대
□逆：역
□ぶつかる：부딪치다

問題4

れい　정답 ：2
N3_1_24

写真を撮ってもらいたいです。近くの人に何と言いますか。

M：1　よろしければ、写真をお撮りしましょうか。

2　すみません、写真を撮っていただけませんか。

3　あのう、ここで写真を撮ってもいいですか。

1ばん　정답 ：2
N3_1_25

レストランで食事をしているときに、スプーンをテーブルの下に落としてしまいました。新しいスプーンに変えたいです。お店の人に何と言いますか。

F：1　スプーンを変えてあげたいんですが。

2　スプーンを変えてもらえますか。

3　スプーンを変えてくれてありがとうございます。

암기하자!

□~てもらえますか：정중한 부탁

2ばん　정답 ：1
N3_1_26

駅に行きたいですが、雨が降っています。家族は車を持っているので、駅まで車で一緒に行ってほしいです。何と言いますか。

M：1　駅まで送っていってくれない？

2　駅まで送ってきてくれない？

3　駅まで送ってみてくれない？

암기하자!

□~てくれない？：캐주얼한 부탁

3ばん　정답 ：3
N3_1_27

学校の宿題の内容を忘れてしまいました。先生にもう一度聞きたいです。何と言いますか。

M：1　先生、宿題をもう一度教えられますか。

2　先生、宿題をもう一度教えてもいいですか。

3　先生、宿題をもう一度教えてくださいませんか。

암기하자!

□内容：내용

□~てくださいませんか：매우 정중한 부탁

4ばん　정답 ：1　N3_1_28

仕事中に、子供の調子が悪いと電話がありました。家族はみんな忙しいので、すぐに帰りたいです。仕事の人に何と言いますか。

F：1　すみません、帰ってもよろしいでしょうか。

2　すみません、どういうわけか帰りたいんです。

3　すみません、どうにか帰ろうと思います。

암기하자!

□調子が悪い：상태가 나쁘다⇔調子がいい

□～てもよろしいでしょうか：허락을 구하는 표현.「～てもいいですか」의 정중한 표현

問題5

れい　정답 ：3　N3_1_30

M：すみません、会議で使うプロジェクターはどこにありますか。

F：1　ロッカーの上だと高すぎますね。

2　ドアの横には置かないでください。

3　事務室から借りてください。

1ばん　정답 ：2　N3_1_31

F：いらっしゃいませ。(「ピッ」というレジの音）こちらのお弁当、温めますか。

M：1　いえ、あとでお願いします。

2　じゃあ、お願いします。

3　どちらでも大丈夫です。

암기하자!

□あたためる：데우다

※편의점이나 슈퍼에서 도시락을 사는 사람에게 점원이「あたためますか」라고 자주 묻는다

2ばん　정답 ：2　N3_1_32

M：危ないので、近づかないようにしてください。

F：1　いえ、大丈夫です。

2　あ、はい、気を付けます。

3　はい、もう少し近くで見てみます。

암기하자!

□近づく：접근하다/다가가다

3ばん　정답：3　N3_1_33

F: 明日の会議は金曜日に変更になりました。

M: 1　いいえ、会議室は同じはずですよ。

2　そうですね、明日か金曜日のどちらかです。

3　わかりました。場所は同じ会議室ですか。

□変更：변경

4ばん　정답：1　N3_1_34

M: あれ？　木村さんはまだですか。

F: 1　電車が遅れているそうです。

2　いつも電車で来ますよ。

3　ええ、まだわかりません。

「木村さんはまだ（来ていないん）ですか？」에 대한 답을 고른다

5ばん　정답：3　N3_1_35

F: 会議、お疲れさまでした。エアコン、消してもいいですか。

M: 1　いいえ、つけましょう。

2　すみません、どうやって消すかわかりません。

3　もうひとつ会議があるので、つけておいてください。

암기하자!

□~てもいいですか：허락을 구하는 표현.

6ばん　정답：2　N3_1_36

M: すみませんが、この書類を鈴木課長にお渡しください。

F: 1　どうぞ、おかまいなく。

2　はい、かしこまりました。

3　失礼いたしました。

암기하자!

□お~ください：정중한 부탁

□かしこまりました：「わかりました」의 정중한 표현

7ばん　정답：2　N3_1_37

F: 明日、学校休んで遊ばない？

M: 1　なるほど、確かに。

2　そういうのはちょっと…。

3　それはよかったね。

친구에게 「遊びませんか」라고 권유할 때 「遊ばない？」라고 말한다.

8ばん　정답 : 1　N3_1_38

M：えっと、どこまで話したっけ？

F：1　昨日、駅で友達に会ったっていうところ。

2　昨日、田中さんは駅まで行ったらしいよ。

3　このあと3時まで大丈夫です。

무엇인가 말하고 있다→다른 일이 발생한다→다시 원래의 이야기로 돌아가지만 어디까지 말했는지 알 수 없게 되었다→「どこまで話したっけ?」。정답은 「～ところ」。

9ばん　정답 : 2　N3_1_39

M：タンさん、今日のパーティーに来るでしょうか。

F：1　はい、タンさんが来るおかげです。

2　ええ、来るはずですよ。

3　昨日、来たばかりです。

「来るはずです」는 「来ると思います」「来る予定です」라는 뜻.

제2회 해답 · 해설

필승합격 모의고사 해답용지

N3 げんごちしき (もじ・ごい)

第2回

じゅけんばんごう Examinee Registration Number		なまえ Name	

〈ちゅうい Notes〉

1. くろいえんぴつ (NB、No.2) でかいてください。
   Use a black medium soft (HB or No.2) pencil.
   (ペンやボールペンではかかないでください。)
   (Do not use any kind of pen.)
2. かきなおすときは、けしゴムできれいにけしてください。
   Erase any unintended marks completely.
3. きたなくしたり、おったりしないでください。
   Do not soil or bend this sheet.
4. マークれい Marking Examples

よいれい Correct Example	わるいれい Incorrect Examples
●	⊗ ✓ ○ ◎ ⊜ ◑ ●

問題1				
1	①	②	③	●
2	①	②	③	●
3	①	②	③	●
4	①	●	③	④
5	①	②	●	④
6	①	②	③	●
7	●	②	③	④
8	①	②	●	④
問題2				
9	①	②	③	●
10	①	②	●	④
11	①	②	●	④
12	①	●	③	④
13	●	②	③	④
14	①	②	●	④

問題3				
15	①	②	③	●
16	①	●	③	④
17	●	②	③	④
18	①	●	③	④
19	●	②	③	④
20	①	●	③	④
21	①	●	③	④
22	①	②	●	④
23	①	●	③	④
24	①	②	●	④
25	①	●	③	④
問題4				
26	①	●	③	④
27	①	②	●	④
28	①	②	●	④
29	①	②	●	④
30	①	②	③	●

問題5				
31	●	②	③	④
32	①	●	③	④
33	①	●	③	④
34	①	●	③	④
35	①	②	●	④

필승합격 모의고사 해답용지

N3 げんごちしき（ぶんぽう）・どっかい

第2回

じゅけんばんごう Examinee Registration Number		なまえ Name	

〈ちゅうい　Notes〉

1. くろいえんぴつ（NB、No.2）でかいてください。
   Use a black medium soft (HB or No.2) pencil.
   （ペンやボールペンではかかないでください。）
   (Do not use any kind of pen.)
2. かきなおすときは、けしゴムできれいにけしてください。
   Erase any unintended marks completely.
3. きたなくしたり、おったりしないでください。
   Do not soil or bend this sheet.
4. マークれい Marking Examples

よいれい Correct Example	わるいれい Incorrect Examples
●	⊗ ✓ ◯ ◎ ⊜ ⦶ ●

問題1				
1	①	②	③	●
2	●	②	③	④
3	①	②	③	●
4	●	②	③	④
5	●	②	③	④
6	①	②	③	●
7	①	●	③	④
8	●	②	③	④
9	①	●	③	④
10	●	②	③	④
11	●	②	③	④
12	①	②	●	④
13	①	②	③	●

問題2				
14	①	●	③	④
15	●	②	③	④
16	①	②	③	●
17	●	②	③	④
18	①	②	●	④

問題3				
19	●	②	③	④
20	①	②	●	④
21	①	●	③	④
22	●	②	③	④
23	①	②	③	●

問題4				
24	①	②	③	●
25	①	②	●	④
26	①	②	●	④
27	①	②	●	④

問題5				
28	①	●	③	④
29	①	②	③	●
30	●	②	③	④
31	●	②	③	④
32	①	●	③	④
33	●	②	③	④

問題6				
34	①	②	●	④
35	①	●	③	④
36	①	②	③	●
37	●	②	③	④

問題7				
38	①	②	③	●
39	●	②	③	④

필승합격 모의고사 해답용지

N3 ちょうかい

第2回

じゅけんばんごう Examinee Registration Number		なまえ Name	

〈ちゅうい Notes〉

1. くろいえんぴつ（NB、No.2）でかいてください。
   Use a black medium soft (HB or No.2) pencil.
   （ペンやボールペンではかかないでください。）
   (Do not use any kind of pen.)
2. かきなおすときは、けしゴムできれいにけしてください。
   Erase any unintended marks completely.
3. きたなくしたり、おったりしないでください。
   Do not soil or bend this sheet.
4. マークれい Marking Examples

よいれい Correct Example	わるいれい Incorrect Examples
●	⊗ ✓ ○ ◎ ◍ ⦶ ●

問題1

れい	①	②	③	●
1	①	●	③	④
2	①	②	●	④
3	①	②	●	④
4	①	●	③	④
5	①	②	●	④
6	●	②	③	④

問題2

れい	①	②	③	●
1	①	②	③	●
2	①	●	③	④
3	①	②	●	④
4	①	②	③	●
5	①	●	③	④
6	①	●	③	④

問題3

れい	①	②	●	④
1	①	●	③	④
2	①	②	●	④
3	●	②	③	④

問題4

れい	①	●	③
1	①	●	③
2	①	②	●
3	①	●	③
4	●	②	③

問題5

れい	①	②	●
1	①	②	●
2	①	●	③
3	①	●	③
4	●	②	③
5	●	②	③
6	①	②	●
7	①	●	③
8	●	②	③
9	①	●	③

제2회 채점표와 분석

		배점	정답수	점수
문자・어휘	문제1	1점×8문제	／8	／8
	문제2	1점×6문제	／6	／6
	문제3	1점×11문제	／11	／11
	문제4	1점×5문제	／5	／5
	문제5	1점×5문제	／5	／5
문법	문제1	1점×13문제	／13	／13
	문제2	1점×5문제	／5	／5
	문제3	1점×5문제	／5	／5
	합 계	58점		a ／58

60점이 되도록 계산하여 봅시다. a [ ] 점÷56×60= A [ ] 점

		배점	정답수	점수
독해	문제4	3점×4문제	／4	／12
	문제5	4점×6문제	／6	／24
	문제6	4점×4문제	／4	／16
	문제7	4점×2문제	／2	／8
	합 계	60점		B

		배점	정답수	점수
청해	문제1	3점×6문제	／6	／18
	문제2	2점×6문제	／6	／12
	문제3	3점×3문제	／3	／9
	문제4	3점×4문제	／4	／12
	문제5	1점×9문제	／9	／9
	합 계	60점		C

A B C 중에 48점 이하인 과목이 있다면 해설과 대책을 읽고 다시 한 번 도전합시다.
(48점은 이 책의 기준입니다).

※이 채점표의 득점은 아스크출판편집부가 문제의 난이도를 판단하여 배점했습니다.

언어지식 (문자 · 어휘)

◆ 문자 · 어휘

※해설은 유사표현을 많이 알 수 있도록 알기 쉬운 일본어와 한국어를 병용하였습니다.

問題 1

1 정답 : 4 おおり

降りる : 내리다

1 ⇔乗る

2 降る 例 雨が降る。雪が降る。

2 정답 : 4 かくにん

確認 : 확인

3 정답 : 4 ずつう

頭痛 : 두통

2 腹痛 : 복통

4 정답 : 2 いのち

命 : 생명

1 富 : 부

3 夢 : 꿈

4 愛 : 사랑

5 정답 : 3 たいふう

台風 : 태풍

6 정답 : 4 じつりょく

実力 : 실력

2 みりょく : 매력

7 정답 : 1 おうだん

横断 : 횡단

□横 : 옆/가로

8 정답 : 3 ほうこく

報告 : 보고

問題 2

9 정답 : 4 泊まった

泊まる : 머무르다

1 住む : 거주하다

2 宿 : 숙소

宿→宿泊 : 숙박

3 留→留学 : 유학

留守 : 부재

10 정답 : 3 積極的

積極的 : 적극적 ⇔消極的 : 소극적

1 説→説明 : 설명

2 績→成績 : 성적

3 接→直接 : 직접

11 정답 : 3 感動

感動 : 감동

1 感情 : 감정

2 感心 : 감탄

4 感想 : 감상

12 정답 : 2 辺り

辺り : 근처

1 当たり : 짚어 봄/짐작/촉/감

当たる : 맞다

3 周り : 주위

4 回る : 돌다

13 정답 : 1 復習

復習 : 복습

□往復 : 왕복

2 · 4 複→複数 : 복수

14 정답 : 3 得意

得意 : 특기

問題 3

15 정답 ：4 比べました

比べる : 비교하다

□背 : 키

1 並べる : 늘어놓다

2 負ける : 지다

3 見つける : 찾다

16 정답 ：2 予報

予報 : 예보

1 予測 : 예측

3 予防 : 예방

17 정답 ：1 手間

手間 : 수고

2 勝手 : 제멋대로

3 時刻 : 시간/시각

4 世話 : 신세

18 정답 ：2 尊敬

尊敬 : 존경

4 敬語 : 경어

19 정답 ：1 料金

料金 : 요금

2 有料 : 유료

3 通貨 : 통화

4 入金 : 입금

20 정답 ：2 つまって

鼻がつまる : 코가 막히다

□息 : 호흡

□苦しい : 괴롭다

1 寒くてふるえる : 추워서 떨리다

3 足がしびれる : 발이 저리다

4 肩がこる : 어깨가 뭉치다

21 정답 ：2 経営

経営 : 경영

1 方針 : 방침

3 事業 : 사업

4 作業 : 작업

22 정답 ：3 家賃

家賃 : 월세 / 집세

1 給料 : 월급

2 賃貸 : 임대

4 家事 : 가사/집안 일

23 정답 ：2 卒業

卒業 : 졸업

1 留学 : 유학

3 入学 : 입학

24 정답 ：3 いつのまにか

いつのまにか : 어느덧

1 どこまでも : 어디까지나

3 いつまで : 언제까지

4 どこか : 어딘가

25 정답 ：2 ルール

ルール : 룰

1 サンプル : 샘플

3 サイン : 사인

4 ヒント : 힌트

問題 4

26 정답 ：2 明るい

陽気な＝明るい : 밝다

1 まじめな : 성실한

3 内気な : 내성적인

4 静かな : 조용한

27 정답 ：3 スピード

速度＝スピード : 속도

1 エンジン : 엔진

2 ガソリン : 가솔린

4 カーブ : 커브

28 정답 ：3 だいたい

約＝だいたい：대략

□終了：종료

29 정답 ：3 必ず

絶対、あの人に言っておいてね。：꼭 그 사람에게 말해 둬.

30 정답 ：4 とつぜん

いきなり＝とつぜん：갑자기

1 はげしい：거세다/심하다

2 とうとう：드디어

問題5

31 정답 ：1 イベントを中止するかどうかは、学校が判断します。

判断：판단

3 仕事をやめるという彼の大きな決断を応援したい。

決断：결단

32 정답 ：2 まくらを新しくしたら、朝までぐっすり眠れた。

ぐっすり眠る / ぐっすり寝る：푹 자다

1 友達との約束をすっかり忘れてしまった。

すっかり忘れる：완전히 잊다

33 정답 ：2 彼には彼女がいたので、彼の恋人になるのはあきらめた。

あきらめる：포기하다

1 先週、働いていた会社を辞めた。

辞める：그만두다

3 暑い日が続いたので、水道が止まってしまった。

水道：수도

止まる：멈추다

4 体重を減らすために、毎日走っています。

体重：체중

減らす：줄이다

34 정답 ：2 オリンピックの後、その選手は引退した。

引退する：은퇴하다

1 先月、学校の近くに引っ越してきました。

引っ越す / 引っ越しする：이사하다

3 子どもが熱を出したので、早退してもいいですか。

早退する：조퇴하다

4 大学を卒業したら、国に帰る予定です。

卒業する：졸업하다

35 정답 ：3 栄養をしっかりとって、早く元気になってね。

栄養：영양

1 この社会は需要と供給のバランスが取れている。

供給：공급 ⇔需要：수요

バランスがとれる：균형을 맞추다

2 大統領の発言は影響力がある。

影響力：영향력

大統領：대통령

3 この料理の材料はえびとたまごだ。

材料：재료

언어지식 (문법) · 독해

◆ 문법

問題 1

1 정답 : 4 といえば

~といえば…＝~에서 대표적인 것은…다
(~라고 하면)

2 정답 : 1 わりに

わりに : 비교적

2 むけに : 향해
3 たびに : 때마다
4 せいで : 때문에

3 정답 : 4 おそれがある

~おそれがある＝~라는 나쁜 결과로 될 가능성이 있다.

1 ~かねない : ~할지도 모른다
2 ~どころではない : ~할 때가 아니다
3 ~ほどだ : ~정도이다

4 정답 : 1 なくしたら

「万が一」은 「そのようなことはないと思うが、もしも」라는 의미. 뒤에는 「~ば」「~たら」「~ても」 등이 온다. 「~てください」에 이어지므로 「なくせば」는 사용할 수 없다.

5 정답 : 1 いらっしゃってください

いらっしゃってください :「来てください」의 정중한 표현. 「おこしください」「おいでください」「いらしてください」라는 표현도 있다.

6 정답 : 4 には

彼には彼なりのやり方がある。: 그에게는 그 나름대로의 방법이 있다.

7 정답 : 2 使いたがらない

~したがる : 자기 이외의 사람이 「~したい」라는 것을 객관적으로 나타낸다.

8 정답 : 1 しよう

~しようとしない : ~하려고 하지 않는다

9 정답 : 2 わけ

~わけではない : ~하는 것은 아니다

10 정답 : 1 通じて

~を通じて :「~を経由して (~를 경유하여)」라는 의미. 하지만 「京都を経由して大阪に行く」와 같이 장소를 경유할 때에는 사용하지 않는다.

11 정답 : 1 ことはない

~ことはない : ~할 필요는 없다

12 정답 : 3 とは限らない

~とは限らない＝絶対に~とは言えない 꼭~라고는 할 수 없다

13 정답 : 4 もの

~したものだ : (예전에는) 자주 ~했다

問題 2

14 정답 : 2

彼とは 1去年 4会った 2きり 3年 ほど会っていない。
~したきり…ない＝~したのを最後に…していない
~ほど : 約~ (~정도)

15 정답 : 1

電話を 3して 2おいた 1にも 4かかわら

ず　予約ができていなかった。

~にもかかわらず:~에도 불구하고

16 정답 :4

彼が　3**約束の**　2**時間に**　4**遅れる**　1**はず**　がない。

~はずがない:~일리 없다

~はずだ:~일 것이다

17 정답 :1

今日までに　2**できる**　4**ことは**　1**した**　3**つもりだ**　が、結果はわからない。

~したつもり:(나는) 했다는 생각

18 정답 :3

この辺は自然が多くて健康的に暮らせそうだが、交通の便が悪いから、4**車の運転が**　2**できない**　3**私には**　1**生活する**　のは難しそうだ。

生活するの＝生活すること 생활하는 것

□健康的 : 건강한

□暮らす : 지내다/살다

□交通の便が悪い : 교통편이 나쁘다

問題 3

19 정답 :1　愛されている

「納豆は…多くの人に」의 뒤에 오므로 [受身形(피동형)] 이 좋다.

20 정답 :3 そのうえ

[接続詞 (접속사)] 문제에서는 앞뒤를 잘 볼 것.

이 문제에서는 「大豆には…多くの栄養がある」라는 대두의 장점을 적은 후에 「豆腐にすることで消化が良くなる」라고 더욱 좋은 장점이 이어지므로 [添加 (첨가)] 를 나타내는 단어를 넣는다.

21 정답 :2　知られるようになった

~ようになる : 상태가 변화하는 것을 나타낸다.

例 日本語を勉強して、日本人と話せるようになりました。(前は日本人と話せなかった→今は話せる)

22 정답 :1　このようなもの

바로 앞에 있는 「新しい商品」을 가리키는 말을 넣는다.

23 정답 :4　食べてほしいものだ

~ほしいものだ/~たいものだ : 원하다, 하고 싶다라는 감정을 [強調 (강조)] 하는 표현

◆독해

問題4

(1) 24 정답 ：4

ボランティアと聞くと、1 **大変そうなので自分にはできないと思うかもしれません。でも、**自分の好きなことや、4 **できることから始めればいい**のです。仕事や年齢も関係ありません。例えば、ある小学校の6年生は「ふれあいクラブ」として毎月、お年寄りの施設に行って一緒にゲームをしたり、歌を歌ったりしています。自分たちでゲームを計画することもあります。先生もアドバイスをくれますが、お年寄りのことを考えながら、自分が好きなこと、自分ができることを形にするのです。

1 「～と思うかもしれません。でも…」는 「～と考える人がいるかもしれないが、実際は…」라는 뜻으로 「…」가 필자가 정말로 말하고 싶은 것이다.

4 ○

2・3 문장에 쓰여있지 않다

암기하자!

□ボランティア：봉사활동
□施設：시설
□年齢：연령
□アドバイス：어드바이스/조언

(2) 25 정답 ：3

星野先生

お元気ですか。私がこちらに帰ってきて、もう1か月が経ちました。家族や友人に1年ぶりに会って、楽しく過ごしています。

日本では、先生にとてもお世話になりました。日本語はもちろん、日本の伝統文化についてもくわしく教えていただき、ありがとうございました。

これからは私が、2 **日本について多くの人に伝えられるようになりたいです。**そのために通訳になろうと思っています。3 **日本語の勉強を続け、通訳の試験を受けるつもりです。**そして通訳として日本に行ったときには、こちらのおいしい1 **ワインを持って先生のお家にうかがいます。**

5月31日　ピーター　ハンクス

3→2→1의 순서. 4에 대해서는 이메일에 쓰여 있지 않다.

제2회

문자・어휘　문법　독해　청해

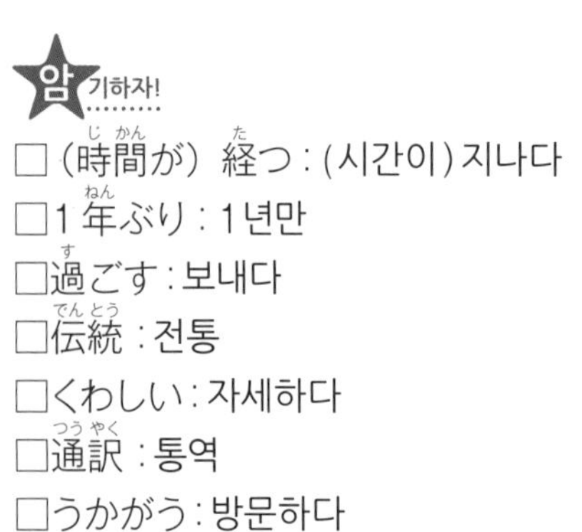

암기하자!

□(時間が) 経つ : (시간이) 지나다
□1年ぶり : 1년만
□過ごす : 보내다
□伝統 : 전통
□くわしい : 자세하다
□通訳 : 통역
□うかがう : 방문하다
□できごと : 일어난 일

(3) 26 정답 : 3

相川 9:12
おはようございます。いま富士見駅に向かう電車の中にいるんですけど、事故の影響で電車が止まってしまいました。動き出すまであと30分くらいかかりそうです。

坂田 9:13
おはようございます。たいへんですね！

相川 9:15
1クリエイト社への訪問の前に、喫茶店で打ち合わせをする約束でしたよね。でもその時間はなさそうです。すみません。

坂田 9:16
いえいえ。**2昨日、資料についてご意見いただいて修正したので、大丈夫**だと思います。

相川 9:17
3喫茶店ではなく、直接クリエイト社の前で待ち合わせしましょう。

坂田 9:17
はい。

相川 9:18
4訪問にも遅れそうだったらまた連絡します。

1 사전 회의에는 늦지만 방문에는 늦지 않는다.

2 자료 수정은 전날 끝냈다

3 ○

4 사카다 씨와의 회의는 하지 않기로 했다.

坂田(さかた) 9:19

かしこまりました。お気(き)をつけて。

암기하자!

- □影響(えいきょう) : 영향
- □訪問(ほうもん) : 방문
- □打(う)ち合(あ)わせ : 회의/미팅
- □資料(しりょう) : 자료
- □修正(しゅうせい) : 수정
- □直接(ちょくせつ) : 직접
- □待(ま)ち合(あ)わせ : 약속

(4) 27 정답 : 3

色(いろ)を見分(みわ)ける力を色覚(しきかく)と言(い)いますが、色覚(しきかく)は**1 20代(だい)をピークにゆっくりと弱(よわ)くなっていきます**。その原因(げんいん)は3つあります。目(め)の中(なか)のレンズ部分(ぶぶん)がにごってきれいに見(み)えにくくなること、**3 光(ひかり)を取(と)り入(い)れる部分(ぶぶん)が小(ちい)さくなって光(ひかり)が入(はい)りにくくなること**、そして、脳(のう)に情報(じょうほう)を送(おく)る視神(ししん)経(けい)が弱(よわ)くなることです。暗(くら)い部屋(へや)で靴下(くつした)の色(いろ)を間違(まちが)えたり、**4 階段(かいだん)を下(お)りているとき、最後(さいご)の一段(いちだん)で転びそうになったりする人(ひと)**は、色覚(しきかく)が弱(よわ)くなっている可能性(かのうせい)があります。

1 색각의 절정은 20대

2 연습에 대해서는 쓰여 있지 않다.

3 ○

4 계단을 내려갈 때가 위험

암기하자!

- □見分(みわ)ける : 분별하다
- □ピーク : 피크/절정
- □レンズ : 렌즈
- □部分(ぶぶん) : 부분
- □にごる : 탁해지다
- □取(と)り入(い)れる : 도입하다
- □脳(のう) : 뇌
- □情報(じょうほう) : 정보
- □神経(しんけい) : 신경
- □可能性(かのうせい) : 가능성

제2회

문자·어휘 문법 독해 청해

問題5

(1) 28 정답 : 2　29 정답 : 4　30 정답 : 1

食品には、おいしく安全に食べられる、賞味期限があります。お店で売れないまま賞味期限が切れてしまうと、お店は捨てなければなりません。しかし、28 **賞味期限が切れていないのに捨てられる食品もあることが、最近問題になっています。**

それは、29 **食品メーカーからお店に食品を運ぶ、問屋の仕事**が関係しています。問屋がお店に食品を届けることを納品といい、30 **食品が作られた日から賞味期限までの3分の1の日までに納品するというルール**があります。例えば、賞味期限が3か月のおかしがあって、作られたのが9月1日の場合、賞味期限は11月末ですが、お店に納品する期限は3か月の3分の1、1か月の間に、つまり9月中にお店に届けなければならないことになります。この納品期限を過ぎるとお店で受け取ってもらえず、まだ賞味期限まで2か月もあるにもかかわらず、捨てられてしまうのです。

28 「賞味期限」이라는 단어의 뜻을 몰라도 맨 처음 문장에서 「食品がおいしく安全に食べられるとき」라는 것을 알 수 있다. 어렵지만 독해에 필요한 단어는 글 속에서 설명하고 있는 경우가 많다.

29 「問屋」도 처음 나온 부분 바로 앞에 설명이 있다.

30 「納品」도 「問屋がお店に食品を届けること」라고 설명되어 있다. 즉 식품은 만들어진 날부터 유통기한의 3분의 1일 전 까지 가게에 식품을 전달해야 한다.

암기하자!

- □食品 : 식품
- □賞味期限 : 유통기한
- □~まま : ~인 채
- □期限が切れる : 기한이 다하다
- □メーカー : 메이커
- □~末 : ~말
- □~にもかかわらず : ~에도 불구하고

(2) 31 1정답 :　32 정답 : 2　33 정답 : 1

これはネット上の記事である。

国際ボランティア団体ピースでは、「場所、本、子どもたち」をキーワードに、アジアの各地で活動しています。具体的には、学校や図書館を作って、勉強したり 31 **本を読んだりできる場所を作ります**。また、字が読めない子どもたちのために絵本を作ったり、本を読んであげたりする活動もしています。代表の鈴木幸子さんは、「教育は子どもたちの人生を変えることができます」と言います。

31 1이 정답

32 **活動のためには、継続的な支援が必要**です。ピースでは今、サポーターを募集しています。32 **毎月1000円、1日あたり33円の寄付**で、1年間に84冊の絵本を子供たちに届けることができます。寄付はいつでも止められます。ニュースレターと 33 **活動報告書**も受け取れますので、活動の様子を知ることができます。また、毎年、子どもたちが書いたメッセージカードも届きます。詳しくは同団体のサイトをごらんください。

32 「継続的な支援が必要」라는 문장 뒤에 돈 이야기가 나오므로 돈이 필요한 것을 알 수 있다.

33 문장과 선택지를 잘 비교한다.

암기하자!

- □団体：단체
- □キーワード：키워드
- □各地：각지
- □具体的：구체적
- □代表：대표
- □人生：인생
- □継続的：계속적
- □支援：지원
- □募集：모집
- □1日あたり：하루당
- □寄付：기부
- □報告：보고
- □様子：상태/모양

問題6

34 정답：3　35 정답：2　36 정답：4　37 정답：1

カップラーメンを食べたことがありますか。温かいお湯を入れて3分待つだけで、おいしいラーメンが食べられます。では、どうして3分間なのか知っていますか。

実は、1分でできあがるカップラーメンもあるのです。でも、早ければいいというわけではないようです。1分でやわらかくなるラーメンは、すぐ食べられるのはいいのですが、そのあともどんどんやわらかくなってしまうので、35 **食べている間にやわらかくなりすぎて、おいしくなくなってしまう**のです。それに、34 **お湯を入れてからたった1分だ**

けではまだお湯が熱すぎます。３分経ってからふたを開けて数回混ぜると、70度ぐらいまで下がります。熱い食べ物をおいしいと思える温度は62度から70度です。３分という時間は、この温度までしっかり計算した待ち時間だったのです。

また、これもあまり知られていませんが、お湯を入れる前のカップラーメンは、ラーメンの下とカップの底との間に空間があり、ラーメンが下につかないようになっています。これは、工場からお店に運ばれるときにめんが割れたりしないようにするためです。しかも、お湯を入れたときに、下にもお湯が回って、36 **ラーメン全体を同じやわらかさにできる**のです。

암기하자!

□実は : 실은/사실은
□たった : 그저
□混ぜる : 섞다
□温度 : 온도
□計算 : 계산
□底 : 밑바닥
□空間 : 공간
□隙間 : 사이
□下につく : 밑바닥에 붙다
□割れる : 갈라지다
□全体 : 전체

36 やわらかい[形容詞] →やわらかさ[名詞]。やわらかさ=固さ

37 이 문장에는 ①컵라면의 기다리는 시간, ②컵라면의 넣는 방법 두 가지의 내용이 쓰여 있다. 두 가지 모두 「カップラーメンがおいしく食べるための工夫」이다.

問題7

38 정답 ：4　39 정답 ：1

文化の日　おでかけガイド

造形工房	総合運動公園
【てつくず作品展】 鉄工職人が仕事で出る廃材を利用して、造形作品を作りました。オリジナルキャラクターも初めて公開します。鉄を組み合わせた新しい生物を見てみませんか。 11月2日（土）3日（日）4日（祝） 9:30~17:00 入場無料	【青空フリーマーケット】 運動公園のスタジアムの周りにフリーマーケットが登場！　約100店が出店します。リサイクル品のほか、ハンドメイドグッズも多数あります。 11月2日（土）3日（日） 10:00~14:00（雨天中止） 入場無料
文化会館	**市民ホール**
【国立舞台サーカス】 空中ブランコ、ピエロの曲芸、アクロバットなど、ハラハラドキドキがいっぱいの舞台が楽しめます。入場券先行発売中。 11月2日（土） ①12:30　②15:00 一般2800円　中学生以下2200円 チケットセンター　×××−××××	【ママとパパと赤ちゃんのためのゆるやかエクササイズ】 親子で簡単なリズム体操やエクササイズを体験しましょう。家でも楽しく赤ちゃんと過ごす方法を知ることができます。 11月3日（日） 10:30~11:30（要電話予約） 1家族（3名1組）1000円（当日払い）
音楽ミュージアム	**星の美術館**
【室内楽アカデミー】 国内外から一流の講師陣を招待し、選ばれた受講者がレッスンを受けます。一般の方は、レッスンの様子を見ることができます。 11月2日（土）3日（日）4日（祝） 10:00~12:00 レッスン聴講　一人100円	【版画遊園地】 明治から昭和期に活躍した作家の作品100点を解説します。自分で版画を作るコーナーもあります。 11月3日（日）4日（祝） 9:00~17:00 一般200円　中学生以下無料

□祝日：공휴일
□一般：일반
□3名1組：3인 1조
□体操：체조

38「週末」는 토요일과 일요일. 우선 날짜만 보아「4日(祝)」에 하는 이벤트에서 스스로 만드는 이벤트를 고른다. 고철 작품전은 작품을 보는 것만이며 참가자가 만드는 것은 아니다.

39 체조와 댄스에 가까운 것은「国立舞台サーカス」. 마이크 씨2800엔+부인2800엔+딸2200엔＝7800엔.

청해

問題1

れい　정답：4

N3_2_03

大学で女の人と男の人が話しています。男の人は何を持っていきますか。

F：昨日、佐藤さんのお見舞いに行ってきたんだけど、元気そうだったよ。

M：そっか、よかった。僕も今日の午後、行こうと思ってたんだ。

F：きっとよろこぶよ。

M：何か持っていきたいんだけど、ケーキとか食べられるのかな。

F：足のケガだから食べ物に制限はないんだって。でも、おかしならいろんな人が持ってきたのが置いてあったからいらなさそう。ひまそうだったから雑誌とかいいかも。

M：いいね。おすすめのマンガがあるからそれを持っていこうかな。

男の人は何を持っていきますか。

1ばん　정답：2

N3_2_04

会社で女の人と男の人が話しています。男の人はこのあと、まず何をしますか。

F：橋本さん、明日の会議の準備、もうできましたか。

M：はい、2 **これから会議で使う資料をコピーするところなんですが、** 何枚必要でしょうか。

F：そうですね、会議に出席するのが15人だけど、2、3枚余分にしておきましょう。

M：はい、わかりました。

2 「資料をコピーするところ」→수량 확인→「わかりました」라고 말하고 있으므로 이것이 정답.

F:あと、カタログも準備してほしいんだけど、どのカタログにするかを部長に今から確認してもらえますか。

M:あの、部長は今日出張中ですので、明日の朝、確認してもいいですか。

F:そう、じゃあ確認したらすぐに準備してください。

あと、1 **会議室の予約は今からすぐ私がしておきます**ね。

M:はい、ありがとうございます。

男の人はこのあと、まず何をしますか。

1 회의실 예약은 여성이 한다.

3・4 부장은 출장중. 내일 부장에게 확인한 후 카달로그를 준비한다.

암기하자!

□余分 :여분

□カタログ:카달로그

□確認 :확인

□出張 :출장

2ばん　정답 :3

N3_2_05

駅で男の人と女の人が話しています。男の人は何を買いますか。

M:すみません、学生のための地下鉄のきっぷってありますか。

F:はい、通学用定期券と、学生用回数券というものがございます。

M: 回数券ってどんなものですか。

F:こちらは、10枚分の料金で11枚のきっぷをセットで買うことができるものです。

M:いいですね。学校へ行くときにも使えますか。

F:はい、もちろんです。でも、通学で毎日使われるのでしたら、定期券のほうがお得になりますよ。

M:そうなんですか。毎日大学へ行くからそうしようかな。

F: かしこまりました。定期券には、**1か月定期券と6か月定期券の2種類がございまして、期間が長いほうが値段は高いですがお得**です。あと、バスもご利用になるのでしたら、バスと地下鉄のセット定期券もございますよ。

M: うーん、バスは乗らないので、**地下鉄のお得なほうの定期券**にします。

男の人は何を買いますか。

「地下鉄のお得なほうの定期券にします」→ 회수권이 아닌 정기권. 버스와 지하철의 세트가 아닌 지하철 정기권임을 알 수 있다. 1개월과 6개월로는 기간이 긴 편=6개월이 이득이므로 3이 정답.

암기하자!

□通学 : 통학
□~用 : ~용
□定期券 : 정기권
□回数券 : 회수권
□料金 : 요금
□セット : 세트
□お得 : 이득
□期間 : 기간
□種類 : 종류

3ばん 정답 : 3

N3_2_06

男の人と女の人がポスターについて話しています。女の人はこのあと何をしますか。

M: 今度のイベント、たくさんお客さんを集めるためにポスターを作るって言ってたけど、どう? できた?

F: うん。見てみて。

M: わ、いいね。**1いろんな色が使ってあるから遠くからでもよく目立つ。2字の大きさも見やすい**ね。

F: ありがと。でも…なんかまだちょっとかたい、フォーマルな感じがしない? もっと気軽に参加できるイメージにしたいな。

M: **もっと写真とかイラストを入れたらどう?**

F: **3そっか、そうだね、やってみる。**質問とかがあったときの**4連絡先は、この電話番号であってる?**

1•2•4 「女の人がこのあと何をするか」에 주의하여 듣는다. 색, 문자, 전화번호는 문제없다.

3 「そっか」는 「そうですか」「そうですね」의 캐주얼한 어투. 상대에게 동의하는 맞장구로 자주 사용한다.

M：うん、大丈夫だよ。じゃ、お願いします。

女の人はこのあと何をしますか。

암기하자!

□ポスター：포스터
□目立つ：눈에 띄다
□かたい：딱딱하다(물건만이 아니고 분위기가 딱딱한 때에도 사용한다)
□フォーマル（な）：포멀(한)
□感じ：느낌
□気軽（な）：부담없는
□参加：참가
□イラスト：일러스트
□連絡先：연락처

4ばん　정답：2

N3_2_07

女の学生と先生が欠席届について話しています。女の学生はこのあとすぐ何をしますか。

F：先生、昨日休んでしまったので、欠席届を書きました。お願いします。

M：はい、わかりました。…病院に行ったんですか。もう大丈夫ですか。

F：大丈夫です。先週から歯が痛かったのでみてもらいました。今はもう痛くないです。来週もう一度行かなければいけないので、来週も休むかもしれません。

M：そうですか。1**休むことがわかったら、早めに欠席届を出してください**。

F：わかりました。

M：それから、ここ、2**今日の日づけのほかに、休んだ日、昨日の日づけも書いてください。**

F：**あ、すみません。すぐ書きます。**

M：これは昨日配ったプリントです。4**宿題はこれを終わらせることです。来週の授業までにやっておいてください。**

1 다음주에 쉴지는 아직 모른다. 쉬기로 결정되면 결석계를 낸다.
2 ○
3 대화에 없다.
4 숙제는 다음주 수업까지 한다.

F：わかりました。

女の学生はこのあとすぐ何をしますか。

기하자!

□欠席届：결석계
□配る：나누어주다
□プリント：프린트

5ばん　정답 ：3

N3_2_08

男の人と女の人が話しています。男の人は鼻づまりを治すため、まずどの方法をやってみますか。

M：あぁ、鼻がつまってうまく息ができない…。

F：お風呂に入ったときに、1 **温かいタオルを鼻に載せるとすっきりするよ。**

M：**そうなんだ。今晩やってみるよ。**

F：ほかにも玉ねぎを切って、2 **玉ねぎに鼻を近づけて鼻から息をするのもいいって。**

M：へえ、よく知ってるね。

F：私もときどき鼻づまりで困るから、調べたことあるんだ。3 **ペットボトルって今持ってる?**

M：うん、あるけど?

F：わきの下にはさんで、わきをしめてみて。胸の横を押すと、鼻づまりがすぐ治るんだって。

M：え? 本当? 3 **こうかな…。**

男の人は鼻づまりを治すため、まずどの方法をやってみますか。

1　하는 것은 오늘밤

2　양파는 지금 하고 있지 않다.

3　「こうかな」=「こういうやり方でいいかな」。지금 하고 있는 것을 알 수 있다.

4　대화에 없다.

암기하자!

□鼻がつまる : 코가 막히다
□方法 : 방법
□息をする : 숨쉬다
□すっきり : 산뜻한/상쾌한
□玉ねぎ : 양파
□ペットボトル : 페트병
□わきの下 : 겨드랑이 밑
□はさむ : 끼우다
□わきをしめる : 겨드랑이를 조으다
□胸 : 가슴

6ばん　정답 : 1

N3_2_09

病院の受付の人と女の人が、話しています。女の人はこのあとすぐ何をしますか。

M : こんにちは。今日はどうされましたか。

F : ちょっと熱があるようなんです。

M : この病院は初めてですか。

F : はい。

M : では、1**こちらの紙にお客様の情報を記入していただけますか**。

F : わかりました。

M : あ、それから、せきは出ますか。2**せきが出る場合はこちらのマスクをする**よう、お願いしています。

F : いえ、2**せきは出ません**。

M : 4**保険証はありますか**。

F : **あ、はい、あります。これです。**

M : はい、お預かりします。じゃ、こちらですね、お願いします。

1 「～していただけますか」＝「～してください」。

2 기침이 나오는 경우는 마스크를 한다→기침이 나오지 않으므로 마스크를 하지 않아도 된다

3 대화에 없다.

4 보험증은 이미 냈다.

제2회

문자·어휘

문법

독해

청해

女の人はこのあとすぐ何をしますか。

암기하자!

□記入：기입
□せき（が出る）：기침(이 나오다)
□マスク：마스크
□保険証：보험증
□預かる：맡다

問題2

れい　정답 ：4

N3_2_11

日本語学校の新入生が自己紹介しています。新入生は、将来、何の仕事がしたいですか。

F：はじめまして、シリンと申します。留学のきっかけは、うちに日本人の留学生がホームステイしていて、折り紙を教えてくれたことです。とてもきれいで日本文化に興味を持ちました。日本の専門学校でファッションを学んで、将来はデザイナーになりたいと思っています。どうぞよろしくお願いします。

新入生は将来、何の仕事がしたいですか。

1ばん　정답 ： 4

N3_2_12

男の人が、電車について話しています。レールの下に石があるのは、どうしてだと言っていますか。

M：電車はレールの上を走りますが、レールの下には必ず、板と石が置かれています。地面の上に直接レールを置いたほうが早く線路を作れるのに、どうしてわざわざ板や石を置くのでしょうか。もし板や石がなかったら、レールは地面の中にどんどん入りこんでしまうのだそうです。電車がレールのある一点を通る時間は短いのですが、重いので、何度も通っていると、レールがどんどん広がってしまいます。板は、そうならないようにレールをおさえ、**石は、板にかかった重さをバラバラにして地面に伝えます**。

レールの下に石があるのは、どうしてだと言っていますか。

소리, 흔들림, 열이 아니라 전철의 무게에 대하여 이야기 하고 있다.

□板 : 판
□地面 : 지면
□線路 : 노선
□わざわざ : 일부러
□入り込む : 비집고 들어가다
□ある一点 : 어느 한 점
□広がる : 퍼지다
□押さえる : 누르다
□線路 : 선로
□重い [形容詞] →重さ [名詞]

2ばん　정답 ：2

N3_2_13

女の人と男の人が話をしています。男の人はどうして元気がありませんか。

F:どうしたの？　元気ないけど。まだ、彼女とケンカ中？

M:ああ、確かに長い間ケンカしていたけど、それは僕があやまったからもう大丈夫なんだ。でも…

F:でもどうしたの？　別のこと？

M:そうなんだ、今日彼女から聞いたんだけど、彼女、9月からアメリカの大学に行きたいって。

F:え、そうなんだ。

M:今は近くに住んでいるから、いつでも会えるだろう？　でも**アメリカに行ったらそうはいかないよ。**

男の人はどうして元気がありませんか。

~だろ(う)？:「~でしょ(う)?」의 캐주얼한 어투. 남성이 사용하는 경우가 많다.

そうはいかない:「期待するようにはならない」。여기서는「いつでも会えるという状態ではなくなってしまう」라는 것.

암기하자!

□どうして: 왜
□元気ない: 힘이 없다/맥 빠지다
□ケンカ中 : 싸움 중
□確かに:(동의하여)하긴/확실히
□でもどうしたの?:그런데 무슨 일?
□そうなんだ:그렇구나
□そうはいかない:그렇게는 안 돼

3ばん　정답 : 3

N3_2_14

アナウンサーが俳優にインタビューしています。俳優が映画の撮影中に一番大変だったことは何ですか。

F: 今日は俳優の高橋太郎さんに、新しい映画についてうかがいます。高橋さん、新しい映画の完成、おめでとうございます。

M: ありがとうございます。

F: 高橋さんは映画の中で、世界中を旅する写真家という役で、いろいろな国を移動されましたが、体の調子は大丈夫でしたか。

M: そうですね、暑い国から寒い国へと移動することも、またその反対もあったので、風邪をひいたこともありました。

F: それは大変でしたね。

M: はい、病気のときに家族がいてくれたらなぁと思いましたね。撮影で、長い期間、家に帰れなかったので、**家族に会えないさびしさが、何よりもつらかったです。**

F: そうだったんですね。　高橋さんの一作目の映画と比べて、いかがですか。

M: はい、一作目よりおもしろいものにしなくちゃという思いがありました。おかげでとてもいい作品ができたと思っています。

俳優が映画の撮影中に一番大変だったことは何ですか。

□何よりも~ :「いちばん~だ」。강조

□つらい=たいへん

암기하자!

□俳優 : 배우
□撮影 : 촬영
□完成 : 완성
□旅する=旅行する 여행하다
□~家 : ~를 하는 사람 (예) 写真家、マンガ家、政治家
□移動 : 이동
□調子 : 몸 상태/컨디션
□期間 : 기간

4ばん　정답 ：4

N3_2_15

ラジオで男の人が禁煙について話しています。男の人が禁煙を始めたきっかけは何ですか。

私、タバコをやめることができました。そうです、もう20年以上吸っていたのに、です。もちろん、タバコが健康に悪いということは、昔からわかっていました。それでも吸い続けていたんですけど、**去年、タバコの価格が上がったでしょう。それで初めてやめようと思って禁煙を始めたんです。**でも、どんなに高くても、吸いたくなって困りました。そんなとき、娘に言われました、「お父さん、禁煙がんばってね。体を大切にしてね」って。それで、なんとか強い意志をもって成功したというわけです。

男の人が禁煙を始めたきっかけは何ですか。

「きっかけ」＝ 계기. 담배 가격이 올랐으므로 금연을 시작했다. 딸의 말이 있었기에 금연을 계속할 수 있었다.

암기하자!

□禁煙 : 금연
□健康 : 건강
□価格 : 가격
□意志 : 의지

5ばん　정답 ：2

N3_2_16

男の学生と女の学生が話しています。女の学生は何のためにアルバイトをしていますか。

M：毎日、バイトで忙しいみたいだけど、なんでそんなにお金が必要なの？

F：実は、**2大学を卒業しても、勉強を続けたいと思ってて。**

M：大学院へ進みたいってこと？

F：うーん、日本の大学院も考えたんだけど、私のやりたい研究をもっと専門的にできる**2大学院が海外にあるから、そっちに行きたいんだ。**でも、今、学費と家賃は親に出してもらっているから、これ以上の負担をしてもらうわけにはいかないし。

1・2「思ってて」＝「思っている」。 여성은 대학을 졸업하고 해외의 대학원에 가고 싶다고 말하고 있으므로 1이 아닌 2가 정답.

M：そうか、すごいね。**4ぼくはバイト代は全部旅行に使っちゃうんだよ**、外国へ行くのが好きで。

F：もう30か国以上行ってるんでしょう？　すごいよ、私もいろいろな国へ行ってみたいな。

女の学生は何のためにアルバイトをしていますか。

4 해외여행에 돈을 사용하는 것은 남성.

암기하자!

□バイト＝アルバイト (아르바이트의 약어)
□実は：실은/사실은
□大学院：대학원
□専門的：전문적
□学費：학비
□家賃：월세/집세
□負担：부담
□～代：~대금.「バイト代」는 아르바이트에서 받는 돈

6ばん　정답 ： 2

N3_2_17

会社で男の人が女の人にアドバイスをしています。女の人は、今日どんなことに気をつけて発表しますか。

M：吉村さん、顔色がよくないけど、どうしたの？

F：実は今から会議で、みんなの前で新しいプロジェクトについて発表しなければならないんです。私、大勢の前で話すのは苦手で、緊張してしまって…どうすればうまく話せるでしょうか。

M：そうか、私も昔は苦手だったよ。でも苦手だからこそ、もっと頑張らなくちゃと思って、**4何度もやっているうちにうまくできるようになった**んだ。吉村さんが、いますぐにできるのは、人が大勢いると思わないことだね。

F：え？

M：**2聞いている人の中の誰か、たとえば、課長だけに話しているつもりでやる**んだ。

F：はい、やってみます。

1 대화에 없다.

2 課長だけに話しているつもり＝과장에게만 말한다고 생각하도록 한다.

4 남성 직원은 몇 번이나 해서 잘하게 되었다. 하지만 그것은 오늘 당장 할 수 있는 것은 아니다.

M：あとは、**3用意した紙を見ながら話すと、自信がないように見えるから、できるだけ前を向いて話そう。**

F：はい、ありがとうございます。

女の人は、今日どんなことに気をつけて発表しますか。

3 준비한 종이를 보는 것은 좋지 않다고 말하고 있다.

암기하자!

□顔色：안색

□プロジェクト：프로젝트

□発表：발표

□苦手：서투름

□緊張：긴장

□自信：자신

□前を向く：앞을 향하다

問題3

れい　정답：3

N3_2_19

日本語のクラスで先生が話しています。

M：今日は「多読」という授業をします。多読は、多く読むと書きます。本をたくさん読む授業です。ルールが3つあります。辞書を使わないで読む、わからないところは飛ばして読む、読みたくなくなったらその本を読むのをやめて、ほかの本を読む、の3つです。今日は私がたくさん本を持ってきたので、まずは気になったものを手に取ってみてください。

今日の授業で学生は何をしますか。

1　先生が本を読むのを聞く

2　辞書の使い方を知る

3　たくさんの本を読む

4　図書館に本を借りに行く

1ばん　정답 : 2

N3_2_20

女の人と男の人が動物園で、シマウマについて話しています。

F：シマウマって、白と黒のしまの模様があるけど、その模様って一頭ずつ違うんだね。

M：うん。

F：この、白と黒のしまの模様って目立つから、敵にすぐ見つかっちゃうんじゃない。

M：それがね、シマウマを食べるライオンやハイエナが景色を見るとき、見える色は白と黒に近いんだって。だからシマウマの模様は、他の風景にまざって見えにくくなるんだよ。それに、仲間とたくさん集まっていると、しまの模様が重なって、一つの大きな動物のように見えるみたい。

F：へえ。敵も大きい動物は食べようとしないよね。

M：そう。自分たちを大きく見せて、敵から守っているんだね。

男の人は、シマウマのどんなことについて話していますか。

1　1頭ずつの模様の違い
2　白と黒のしまの模様のよさ
3　仲間の見つけ方
4　敵からの逃げ方

이야기의 내용

シマウマ(얼룩말)의 줄무늬에 대하여.

· 적이 보기 어렵다.

· 많은 동료와 모이면 큰 동물처럼 보인다.

→2가 정답

암기하자!

☐模様 : 모양
☐目立つ : 눈에 띄다
☐混ざる : 섞이다
☐仲間 : 동료
☐重なる : 겹치다
☐敵 : 적
☐守る : 지키다

2ばん　정답 : 3

🔊 N3_2_21

ラジオで男の人が、水について話しています。

M：みなさんが生活で使っている水は、そのまま川や海に流すと自然が汚れてしまいます。そこで活用されているのが、浄化センターです。浄化センターでは、家庭や工場から出た水を集めて、自然に戻せるぐらいまできれいにします。まず、ごみや砂を水の底にしずめて、残りの水を微生物のいるタンクに流します。この微生物が汚れを食べます。そして、微生物を取り除いた水を消毒してから、川や海に戻しているのです。

男の人は、水のどんなことについて話していますか。

1　水がどのように届けられるか

2　水がどのように利用されているか

3　水がどのように自然に戻されるか

4　水がどのように消毒されるか

이야기의 내용

정화센터는 가정과 공장에서 나온 물을 모아 깨끗하게 만드는 곳

↓

물을 깨끗하게 만드는 방법

↓

깨끗해진 물을 강과 바다에 되돌린다

암기하자!

- □自然 : 자연
- □活用 : 활용
- □戻す : 되돌리다
- □残り : 남은 것
- □消毒 : 소독

3ばん　정답 : 1

🔊 N3_2_22

博物館で女の人が、家の作りについて話しています。

F：日本では、木で作られた家も見られますが、世界を見ると石が手に入りやすい場所では石造りの家が多く見られます。家は、その土地の環境や気候、生活スタイルに合わせて身近にある材料を組み合わせて作られます。日本は暖かく湿気も多いので、

이야기의 내용

집은 토지에 맞추어 만들어진다.

- 나무 집과 돌 집
- 다다미와 카펫
- 커튼과 장지

床が地面より高く、家の湿度を調節できるたたみが広く使われています。しかし、寒くて乾いた気候の地域では、寒さを防げるようカーペットが使われます。また、カーテンも保温や部屋の仕切りに使われますが、日本ではカーテンのほか、木と紙で作られた障子も使われます。

女の人は、家の作りのどんなことについて話していますか。

1　家は、その土地の環境や気候に合わせて作られること

2　世界には家の作り方が二種類あること

3　日本の昔の家が今とは異なる作り方だったこと

4　世界の家と日本の家の作りの目的は同じであること

암기하자!

□土地 : 토지
□環境 : 환경
□気候 : 기후
□生活スタイル : 생활 스타일
□材料 : 재료
□湿気 : 습기
□調節 : 조절
□地域 : 지역
□防ぐ : 예방하다

問題4

れい　정답 : 2　N3_2_24

写真を撮ってもらいたいです。近くの人に何と言いますか。

M：1　よろしければ、写真をお撮りしましょうか。

2　すみません、写真を撮っていただけませんか。

3　あのう、ここで写真を撮ってもいいですか。

1ばん　정답 : 2　N3_2_25

レストランを5時に予約しました。レストランに行ったとき、何と言いますか。

M：1　5時に予約してみました、山田と申します。

2　5時に予約してあります、山田と申します。

3　5時に予約したかもしれない、山田と申します。

암기하자!

□～てある：~이다

1　～てみる：~해보다

3　～かもしれない：~일지도 모른다

2ばん　정답 : 3　N3_2_26

会社の社員証をなくしてしまいました。何度も探しましたが、どこにあるかわかりません。上司に何といいますか。

M：1　あの、社員証ですが…何度も探さないと見つかりません。

2　あの、社員証ですが…何度か探したのでいいでしょうか。

3　あの、社員証ですが…いくら探しても見つからないのですが。

암기하자!

□いくら～ても…ない＝何度も～したが…ない

1　아직 여러 번 찾지 않은 것으로 들린다. 상사는 「何度も探しなさい」라고 할 것이다.

2　조금 찾아보았는데 더 찾아야 합니까라고 들린다. 상사는 「もっとよく探しなさい」라고 할 것이다.

3ばん　정답 : 2　N3_2_27

会議の資料を10部コピーしたいのですが、忙しくて時間がありません。同僚にお願いしたいです。何と言いますか。

F：1　資料を10部コピーしたらいかがでしょうか。

2　資料を10部コピーしておいてもらえないでしょうか。

3　資料を10部コピーしたほうがいいのではないでしょうか。

암기하자!

□～したらいかがでしょうか。:[提案 (제안)]

□～しておいてもらえないでしょうか。:「～しておいてください」의 정중한 표현

□～したほうがいいのではないでしょうか。:[アドバイス(어드바이스/조언)]

4ばん　정답 ：1　N3_2_28

クッキーをたくさん作りました。友達にもあげたいです。何と言いますか。

F：1　たくさん作ったので、よかったら食べてください。

2　たくさん作ったら、ぜひ食べてみてください。

3　たくさん作りましたが、よかったらください。

암기하자!

□よかったら：괜찮다면

 2 「～たら」＝「～したときに」。여기서는 「もし、たくさん作った場合は」라는 뜻이 되어 이미 쿠키를 많이 만든 상황과 맞지 않는다.

問題5

れい　정답 ：3　N3_1_30

M：すみません、会議で使うプロジェクターはどこにありますか。

F：1　ロッカーの上だと高すぎますね。

2　ドアの横には置かないでください。

3　事務室から借りてください。

1ばん　정답 ：3　N3_2_31

F：いらっしゃいませ。申し訳ありません。ただいま満席で…30分ぐらいお待ちいただけますか。

M：1　いえ、お待たせしませんので。

2　はい、お待ちしております。

3　じゃ、また今度にします。

「お待ちいただけますか」는「待ってくれませんか」의 정중한 표현.

 1　お待たせしません＝すぐに用意します

2　お待ちしております：「待っています」의 정중한 표현.「お～する」는 [謙譲 (겸양)]。「～ております」는「～ています」의 [謙譲 (겸양)]。손님이 점원에게 하는 말로는 너무 정중하다.

2ばん　정답 ：2　N3_2_32

M：それでは、資料の5ページ、4番を見てください。

F：1　4番と5番、どちらでもいいですか。

2　すみません、5ページの何番ですか。

3　はい、4番でいいと思います。

□～でいい：[譲歩 (양보)] ~로 좋다

3ばん　정답 : 2　　N3_2_33

F : 先週は風邪で休んでたって聞いたけど、もう大丈夫？

M : 1　そうだね、風邪ひいていたからさ。

2　うん、おかげさまですっかり良くなったよ。

3　ううん、きっぱりやめたんだ。

암기하자!

□おかげさまで : 덕분에
□すっかりよくなる : 말끔히 좋아지다
□きっぱりやめる : 딱 끊다

4ばん　정답 : 1　　N3_2_34

M : レジ袋、5円かかりますがお付けしますか。

F : 1　いえ、大丈夫です。持っています。

2　あ、私がつけますから大丈夫です。

3　すみません、明日持ってきます。

암기하자!

□レジ袋 : 비닐봉투(계산대에서 사용하는 봉투)
□5円かかります＝5円必要です

※비닐봉투가 유료인 슈퍼가 있다. 점원이 「お付けしますか?」 라고 묻는다. 무료인 젓가락이나 빨대 등도 「お付けしますか」 라고 묻는 경우가 있다.

5ばん　정답 : 1　　N3_2_35

F : あのう、資料が足りないみたいなんですが…。

M : 1　え、すみません。何部足りませんか。

2　はい、そうみたいですね。

3　昨日はありましたか。

「~みたい」는 「~ようだ」와 같은 뜻. 회화체. 여기서는 자료가 부족한 것을 알고 있지만 확실히 말하지 않아서 「足りないみたい」라고 부드럽게 말하고 있다.

6ばん　정답 : 3　　N3_2_36

M :「君の名は」っていう映画、見たことある?

F : 1　えー、誰と行ったの?

2　うん、映画館はよく行くよ。

3　ごめん、何ていうタイトル?

「っていう」는 「という」의 캐주얼한 표현. 「君の名は」라는 제목의 영화라는 의미.

7ばん　정답 : 2　　N3_2_37

F : もう時間なので、今日の練習はこの辺で…。

M : 1　あのう、どの辺ですか。

2　はい、お疲れさまでした。

3　明日もこの辺でお願いします。

「この辺」에는 「だいたいこの場所」라는 의미도 있지만 시간을 나타내는 경우도 있다. 「この

辺で…」는 「そろそろ終わりにしましょう (슬슬 끝냅시다)」라는 뜻.

8ばん　정답 ：1　　　N3_2_38

M：遅かったね。心配したよ。

F：1　ごめんね、思った以上に道が混んでて…。

　　2　うん、遅れないように気を付けようね。

　　3　すみません、10分遅れそうです。

여성이 늦게 와서 남성이 「心配したよ」라고 말하고 있다. 「遅れないように気を付けようね」를 늦은 사람에게 말하는 것은 이상하다.

9ばん　정답 ：2　　　N3_2_39

F：説明会の会場の準備はできましたか。

M：1　はい。いすを並べたり、資料を置いたりするつもりです。

　　2　はい。いすを並べて、資料を置いておきました。

　　3　はい。よく、いすを並べて、資料を置いたものです。

1　「置いたりするつもりです」＝「(これから) 置こうと思っています」

3　「よく~したものだ」는 옛날에 잘 알고 있던 것을 좋은 추억으로 말할 때 사용한다.

제3회 해답 · 해설

필승합격 모의고사 해답용지

N3 げんごちしき (もじ・ごい)

第3回

じゅけんばんごう Examinee Registration Number		なまえ Name	

〈ちゅうい　Notes〉

1. くろいえんぴつ（NB、No.2）でかいてください。
   Use a black medium soft (HB or No.2) pencil.
   （ペンやボールペンではかかないでください。）
   (Do not use any kind of pen.)
2. かきなおすときは、けしゴムできれいにけしてください。
   Erase any unintended marks completely.
3. きたなくしたり、おったりしないでください。
   Do not soil or bend this sheet.
4. マークれい Marking Examples

よいれい Correct Example	わるいれい Incorrect Examples
●	⊗ ✓ ○ ◎ ◐ ◑

問題1				
1	①	②	③	●
2	●	②	③	④
3	①	②	③	●
4	①	●	③	④
5	●	②	③	④
6	①	●	③	④
7	①	●	③	④
8	①	②	●	④
問題2				
9	①	●	③	④
10	①	②	●	④
11	●	②	③	④
12	①	●	③	④
13	①	②	●	④
14	①	●	③	④

問題3				
15	①	②	●	④
16	①	②	③	●
17	●	②	③	④
18	①	②	●	④
19	①	②	③	●
20	①	●	③	④
21	①	②	③	●
22	①	②	●	④
23	①	●	③	④
24	●	②	③	④
25	●	②	③	④
問題4				
26	●	②	③	④
27	①	②	③	●
28	●	②	③	④
29	①	●	③	④
30	①	②	③	●

問題5				
31	①	●	③	④
32	①	②	●	④
33	①	②	●	④
34	①	②	③	●
35	①	②	③	●

필승합격 모의고사 해답용지

N3 げんごちしき(ぶんぽう)・どっかい

第3回

じゅけんばんごう Examinee Registration Number		なまえ Name	

〈ちゅうい　Notes〉

1. くろいえんぴつ（NB、No.2）でかいてください。
   Use a black medium soft (HB or No.2) pencil.
   （ペンやボールペンではかかないでください。）
   (Do not use any kind of pen.)
2. かきなおすときは、けしゴムできれいにけしてください。
   Erase any unintended marks completely.
3. きたなくしたり、おったりしないでください。
   Do not soil or bend this sheet.
4. マークれい Marking Examples

よいれい Correct Example	わるいれい Incorrect Examples
●	⊗ ✓ ○ ◎ ◍ ⦶ ●

問題1				
1	①	②	●	④
2	●	②	③	④
3	①	●	③	④
4	①	●	③	④
5	①	●	③	④
6	①	②	③	●
7	①	②	●	④
8	①	●	③	④
9	①	②	③	●
10	●	②	③	④
11	●	②	③	④
12	①	●	③	④
13	●	②	③	④
問題2				
14	①	●	③	④
15	●	②	③	④
16	●	②	③	④
17	①	●	③	④
18	①	●	③	④

問題3				
19	●	②	③	④
20	●	②	③	④
21	①	②	●	④
22	①	●	③	④
23	①	●	③	④
問題4				
24	①	●	③	④
25	●	②	③	④
26	●	②	③	④
27	①	②	●	④
問題5				
28	●	②	③	④
29	①	●	③	④
30	①	②	③	●
31	①	●	③	④
32	①	②	●	④
33	①	②	③	●

問題6				
34	①	②	③	●
35	●	②	③	④
36	①	●	③	④
37	①	②	③	●
問題7				
38	①	②	●	④
39	●	②	③	④

필승합격 모의고사 해답용지

N3 ちょうかい

第3回

じゅけんばんごう Examinee Registration Number		なまえ Name	

〈ちゅうい Notes〉

1. くろいえんぴつ（NB、No.2）でかいてください。
   Use a black medium soft (HB or No.2) pencil.
   （ペンやボールペンではかかないでください。）
   (Do not use any kind of pen.)
2. かきなおすときは、けしゴムできれいにけしてください。
   Erase any unintended marks completely.
3. きたなくしたり、おったりしないでください。
   Do not soil or bend this sheet.
4. マークれい Marking Examples

よいれい Correct Example	わるいれい Incorrect Examples
●	⊗ ✓ ○ ◎ ◍ ⦶ ●

問題1				
れい	①	②	③	●
1	①	②	③	●
2	①	●	③	④
3	●	②	③	④
4	①	②	③	●
5	①	●	③	④
6	①	●	③	④

問題2				
れい	①	②	③	●
1	①	●	③	④
2	①	●	③	④
3	①	②	●	④
4	①	②	●	④
5	①	●	③	④
6	①	②	③	●

問題3				
れい	①	②	●	④
1	●	②	③	④
2	●	②	③	④
3	①	●	③	④

問題4			
れい	①	●	③
1	●	②	③
2	①	●	③
3	●	②	③
4	①	②	●

問題5			
れい	①	②	●
1	●	②	③
2	①	●	③
3	①	②	●
4	①	②	●
5	①	●	③
6	●	②	③
7	①	②	●
8	①	②	●
9	①	●	③

제3회 채점표와 분석

		배점	정답수	점수
문자・어휘	문제1	1점×8문제	／8	／8
	문제2	1점×6문제	／6	／6
	문제3	1점×11문제	／11	／11
	문제4	1점×5문제	／5	／5
	문제5	1점×5문제	／5	／5
문법	문제1	1점×13문제	／13	／13
	문제2	1점×5문제	／5	／5
	문제3	1점×5문제	／5	／5
	합 계	58점		ⓐ ／58

60점이 되도록 계산하여 봅시다. ⓐ [ ] 점÷56×60＝ Ⓐ [ ] 점

		배점	정답수	점수
독해	문제4	3점×4문제	／4	／12
	문제5	4점×6문제	／6	／24
	문제6	4점×4문제	／4	／16
	문제7	4점×2문제	／2	／8
	합 계	60점		Ⓑ

		배점	정답수	점수
청해	문제1	3점×6문제	／6	／18
	문제2	2점×6문제	／6	／12
	문제3	3점×3문제	／3	／9
	문제4	3점×4문제	／4	／12
	문제5	1점×9문제	／9	／9
	합 계	60점		Ⓒ

Ⓐ Ⓑ Ⓒ 중에 48점 이하인 과목이 있다면 해설과 대책을 읽고 다시 한 번 도전합시다. (48점은 이 책의 기준입니다).

※이 채점표의 득점은 아스크출판편집부가 문제의 난이도를 판단하여 배점했습니다.

언어지식 (문자 · 어휘)

◆ 문자 · 어휘

※해설은 유사표현을 많이 알 수 있도록 알기 쉬운 일본어와 한국어를 병용하였습니다.

問題 1

1 정답 : 4 さぎょう

作業 : 작업

2 정답 : 1 さむい

寒い : 춥다

- 2 暑い : 덥다
- 3 せまい : 좁다
- 4 くさい : (나쁜) 냄새가 나다

3 정답 : 4 けいざい

経済 : 경제

- 2 経営 : 경영

4 정답 : 2 すなお

素直（な）: 솔직(한)

- 1 正直（な）: 정직(한)
- 3 素敵（な）: 멋진

5 정답 : 1 きこう

気候 : 기후

- 3 気温 : 기온
- 4 季節 : 계절

6 정답 : 2 しょうたい

招待 : 초대

- 1 将来 : 장래
- 2 紹介 : 소개
- 4 状態 : 상태

7 정답 : 2 ゆうしょう

優勝 : 우승

8 정답 : 3 きょうりょく

協力 : 협력

問題 2

9 정답 : 2 祖父

祖父 : 조부/할아버지

- 3 祖母 : 조모/할머니

10 정답 : 3 満足

満足 : 만족

11 정답 : 1 盗まれた

盗む : 훔치다

- 2 貯める : 저축하다
  貯金 : 저금
- 3 取る : 취하다/얻다
- 4 失う : 잃다

12 정답 : 2 現在

現在 : 현재

13 정답 : 3 遠く

遠い : 멀다

- 1 違う : 다르다
- 2 友達 : 친구
- 4 選ぶ : 고르다/선택하다

14 정답 : 2 案外

案外 : 뜻밖에도/예상 외

- 1 以外 : 의외/그 밖
- 4 意外 : 의외

問題 3

15 정답 : 3 アイデア

アイデアを出し合う : 서로 아이디어를 내다

1 アクション : 액션

2 ビジネス : 비즈니스

4 アンケート : 앙케이트/설문조사

16 정답 : 4 出張

出張 : 출장

1 出勤 : 출근

2 行動 : 행동

3 往復 : 왕복

17 정답 : 1 関心

関心 : 관심

2 感心する : 감탄하다

3 熱心な : 열심인

4 感動する : 감동하다

18 정답 : 3 応援

応援 : 응원

1 希望 : 희망

2 感謝 : 감사

4 継続 : 계속

19 정답 : 4 うろうろ

うろうろ : 어슬렁어슬렁

1 がらがら

例 客が少なくて会場は**がらがら**だ。

손님이 적어서 행사장은 텅텅 비었다.

2 ぎりぎり : 아슬아슬/겨우

例 しめきり**ぎりぎり**に書類を提出した。

제출기한에 아슬아슬하게 서류를 제출했다.

3 ぶつぶつ : 투덜투덜

例 **ぶつぶつ**と文句を言う。

투덜거리며 불만을 말하다.

20 정답 : 2 定価

定価 : 정가

1 安価 : 저렴한 가격

3 値引 : 할인

4 価値 : 가치

21 정답 : 4 開発

開発 : 개발

1 発生 : 발생

2 発売 : 발매

3 出発 : 출발

22 정답 : 3 たおれました

たおれる : 무너지다/넘어지다

1 こわれる : 고장나다

2 おちる : 떨어지다

4 やぶれる : 찢어지다

23 정답 : 2 引き受けたら

引き受ける : 받아들이다

1 引っかける : 걸다

3 引っぱる : 잡아 당기다

4 引き出す : 꺼내다/인출하다

24 정답 : 1 おさない

おさない : 어리다

2 おそろしい : 무섭다

3 めずらしい : 신기하다/드물다

4 ひどい : 심하다

25 정답 : 1 利用

利用 : 이용

2 信用 : 신용

3 応用 : 응용

4 費用 : 비용

問題 4

26 정답 : 1 ようやく

やっと＝ようやく : 마침내/드디어

2 すぐに : 바로

3 はやく : 빨리

4 ゆっくり : 천천히

27 정답 : 4 夏休み明け

～明け＝～が終わってすぐ (끝난) 직후

28 정답 ：1 ぜんぶ

すべて＝ぜんぶ：전부/모두

29 정답 ：2 おかしい

異常＝おかしい：이상하다

1 ふつう：보통

30 정답 ：4 休みました

欠席する＝休む：결석하다

1 遅れる：늦다

問題5

31 정답 ：2 私は彼の言葉に注目している。

注目：주목

1 道を渡るとき、車に**注意**してください。

注意：주의

32 정답 ：3 ふるさとの山や川がなつかしい。

なつかしい：그립다

2 頭のいい人が**うらやましい**。

うらやましい：부럽다

4 みんなの前でころんで、とても**はずかしかった**。

はずかしい：부끄럽다

33 정답 ：3 ドライブに行ったが、道路が渋滞していていらいらした。

いらいらする：신경질이 나다

渋滞：체증/정체/밀림

2 夜空を見たら、星が**きらきら**光っていた。

밤 하늘을 보니 별이 반짝반짝 빛나고 있었다.

4 今年の夏は家族でハワイ旅行に行くので、今から**うきうき**／**わくわく**している。

올해 여름은 가족과 하와이 여행을 가기 때문에 지금부터 두근거린다.

34 정답 ：4 彼女は、この会社の給料が安いことに不満があるようだ。

不満：불만

2 勉強に**不要**な物は、学校に持ち込まないでください。

不要：불요/불필요

3 その本を買おうと思ったが、お金が**不足**していて買えなかった。

不足：부족

35 정답 ：4 風邪で咳が出るときは、ほかの人に迷惑をかけないように、マスクをしてください。

迷惑：민폐

1 日本語学校を卒業したら、日本で進学するか、国へ帰って就職するか、**迷って**いる。

迷う：길을 잃다/헤매다/망설이다

2 海外旅行で**迷子**になって、本当に困った。

迷子：미아

3 いすが**じゃま**なので、後で片付けてください。

じゃま：방해

언어지식 (문법) · 독해

◆문법

問題 1

1 정답 : 3 おこり
～っぽい＝～しやすい、すぐに～する
□忘れっぽい＝よく忘れる 잘 잊어버리다

2 정답 : 1 ～といっても
社長といっても＝「社長」이라는 직책은 있지만
2 ～というのは : ~라는 것은
例 「一目ぼれ」というのは、一度見ただけの人を好きになることです。
3 AといえばB : A로부터 B를 연상하다
例 日本の花といえば桜でしょう。
4 AというよりB : A도 틀리지는 않지만 B쪽이 맞다
例 今日はあたたかいというより暑い。

3 정답 : 2 食べきれない
～きれない＝전부 ~할 수가 없다

4 정답 : 2 たびに
～たびに＝～するときはいつも ~할 때마다
1 AついでにB : A하는 것에 더불어 B도 하다
3 ～とたんに＝~하자마자
4 ～最中に＝~중간에/~한창인 때

5 정답 : 2ごらんください
ごらんください :「見てください」의 정중한 표현

6 정답 : 4 ということだ
～ということだ :「~そうだ」와 같이 [伝聞(전문)] 을 나타낸다.

7 정답 : 3 さえ
ひまさえあれば＝시간이 있으면(언제라도)

8 정답 : 2 かゆみ
～み : [形容詞] 를 [名詞] 로 만든다.
□痛い→痛み
□悲しい→悲しみ
3 ～さ : [形容詞]를 [名詞]로 만들어 [程度(정도)]를 나타낸다.
□大きい→大きさ (どのくらい大きいか)

9 정답 : 4 ほど
～すれば~するほど : ~하면~할수록

10 정답 : 1 忘れないうちに
～ないうちに＝~하기 전에

11 정답 : 1 気味
風邪気味 : 감기 기운

12 정답 : 2 違いない
～に違いない : ~임에 틀림없다

13 정답 : 1 わけにはいかない
～わけにはいかない : 꼭 ~해야 한다

問題2

14 2
だいたい 3映画を 4見て 2すごしている 1ことが おおいですね。

15 정답 : 1
この漢字が 2読める 4人は 1 2人 3しか いませんでした。
□～しか…ない : ~밖에…없다

제3회 / 문자・어휘 / 문법 / 독해 / 청해

16 정답 ：1

ちょうど電話を 4**しよう** 2**と** 1**している** 3**ところ**へ、友達が来た。

～ようとする：~하려고 하다

17 정답 ：2

子どもの 4**きらいな** 1**野菜** 2**というと** 3**にんじん** かな。

～というと＝~라면

18 정답 ：2

やることが多すぎて、3**いくら** 4**時間** 2**が** 1**あっても** たりないよ。

いくら～ても：아무리~해도

問題3

19 정답 ：1 そのなか

「日本に来て驚いたこと」중 하나가「ごみの捨て方」。 바로 앞에 있는 단어를 가리키므로「そのなか」가 정답.

20 정답 ：1 でも

[接続詞 (접속사)] 문제에서는 앞뒤를 잘 볼 것.

이 문제에서는「一部のものは、捨てる場所が決まっています。」와「そのほか~まとめて捨てます」의 사이이므로 [逆接 (역접)] 을 고른다.

21 정답 ：3 いつ捨ててもかまいません

いつ～てもかまわない＝언제라도~해도 좋다

22 정답 ：2 また

몇 가지의 것을 설명할 때「まず」→「また」→「そして」「さらに」등의 단어를 순서로 사용한다.

23 정답 ：2 分けることになっています

～ことになっている：~하게 되어 있다

◆ 독해

問題4

(1) 24 정답 : 2

カマキリという虫は、大きなカマのような手で、自分より小さい虫をつかまえます。卵は約200個が集まった大きいもので、その中で約200ぴきのきょうだいがいっしょに大きくなります。でも、2**生まれるとすぐ、1ぴきだけで生活を始めます。**カマでつかまえた虫を食べて大きくなりますが、反対に4**ほかの虫に食べられることもめずらしくありません。**1**200ぴきいたきょうだいもどんどん少なくなってしまいます。**カマキリの生活を見ていると、自然の世界の、食べたり食べられたりする関係がよくわかります。

2・4 사마귀는 알에서 태어나기 전까지는 많은 형제들과 함께하지만 태어난 후는 한 마리로 생활한다.

1・3 다른 곤충에게 먹혀 형제는 점점 적어진다.

암기하자!

□約 : 약/대략

□どんどん : 점점/자꾸

(2) 25 정답 : 1

お一つでもOK!

予約限定　特製弁当

3**前日（午前9時30分まで）のご注文でもOK！**

ネットで簡単注文

【ステップ1】Webサイトへアクセス　24時間いつでも受付

【ステップ2】お店で受け取り　送料・手数料無料

【ステップ3】4**レジでお支払い**　電子マネーでも可

＊1**店頭でもご注文をお受けします**ので、お気軽にお声かけください。

＊2**50個以上の場合は、配達についてもご相談ください。**

암기하자!

□注文：주문
□受け取る：받다
□支払い：지불
□電子マネー：전자 머니 / 전자 화폐
□~可：~가/~가능
□配達：배달

(3) 26 정답 : 1

　思い出とはふしぎなものだ。私は10歳のとき、父と姉と富士山に登った。8月なのに頂上はとても寒くて雪が降ったこと、そこで飲んだ温かいミルクの味、そして朝に見た雲からのぼる太陽の美しさ…。どれも素晴らしく、今でもはっきり思い出せる。あのとき富士山に登って本当に良かった。

　一方で、記憶にないこともある。父によると、私は長い山道が苦しくて何度も泣いたそうだが、まったくおぼえていない。

　今、私は、富士山にもう一度登りたいとは決して思わない。素晴らしい思い出があるにもかかわらず。だから、父の話もまた本当なのだろうと思う。

문장의 내용

10살 때 후지산에 올랐다. 좋은 기억이다.

↓

괴로웠고 울었던 것은 기억하고 있지 않다.

↓

지금 후지산에 오르고 싶다고 생각하지 않는다. 기억하고 있지 않지만 괴로웠기 때문일 것이다.

↓

기억하고 있지 않은데 신기하다.

암기하자!

□思い出：기억
□ふしぎ：신기함 / 이상함
□登る：오르다
□一方で：반면에
□記憶：기억
□苦しい：괴롭다

(4) 27 정답 : 3

件名：Re: 青ポップについて

2020年3月23日　10：32

山田様

このたびは「はじめてシューズ」についてお問い合わせいただきありがとうございます。

申し訳ございませんが、お問い合わせいただいた**1 青ポップ13cmは品切れ**となっております。

追加で生産する予定はございません。

3 青シック13cmか、みどりポップ13cmならございます。

また、4月1日には当社Webサイトにて新商品を発表する予定です。

子ども向けの商品も多数ございますので、**3 そちらもぜひごらんください。**

1 青ポップ를 만들 예정은 없다.

3 ○

4 4월 1일에 웹사이트에 신상품 정보가 나온다. 야마다 씨가 문의를 할 필요는 없다.

암기하자!

- □問い合わせ : 문의
- □申し訳ございません : 죄송합니다
- □品切れ : 품절
- □追加 : 추가
- □当社 : 당사
- □商品 : 상품
- □発表 : 발표
- □～向け : ~를 향한/~를 위한
- □比べる : 비교하다
- □ごらんください : 봐 주십시오

問題5

(1) 28 정답 : 1 29 정답 : 2 30 정답 : 4

動物が息をするときは、鼻と口から空気を出し入れしている、と思う人も多いかもしれませんが、実は、口からも息ができるのは人間だけです。**28 動物は本当は鼻を使って息をする**もので、人間も口を使うより、鼻を使って息をしたほうが、体にいいそうです。

28 息をする＝공기를 마시고 숨을 쉬다

제3회 문자·어휘 문법 독해 청해

例えば、鼻の中には空気の汚れをとるフィルターがあって、29**ごみやウイルスが体の中に入らない**ようにしています。また、空気が乾いているとウイルスが増えて風邪をひきやすいですが、空気が鼻を通るときに温められるので、ウイルスが増えにくくなります。それに、口から息をするよりも、多くの酸素を吸い込むことができるので、29**ぐっすり眠ることができる**し、体の働きがよくなって、29**疲れにくくなります。**

30**歌を歌ったり、スポーツをしたり、話したりすることを仕事にしている人**は、口で息をするくせがついてしまうことがありますが、仕事のとき以外は、ぜひ鼻で息をするようにしてください。

29 따뜻함을 느낀다라는 이야기는 쓰여 있지 않다.

30 쓰여 있는 세 가지 중에서 선택지에 있는 것은 4.

암기하자!

□実は：실은/사실은
□人間：인간
□ウイルス：바이러스
□増える：증가하다
□酸素：산소
□ぐっすり：푹
□働き：일
□くせ：버릇

(2) 31 정답 ：2　32 정답 ：3　33 정답 ：4

私の母は、朝ご飯によくおにぎりを作る。朝ご飯だけでなく、私や父のお弁当にも。でも私はそれを特においしいとは思わないで、毎日食べていた。

ある朝、母が熱を出した。私は母の代わりに、初めておにぎりを作った。母のおにぎりは毎朝見ていたのに、うまく作れなかった。ご飯の量も、中に入れる具の量もよくわからないし、きれいな形にならない。当然、とてもおいしそうには見えない。それでも母は「すごくおいしいよ」と言って食べてくれた。31**「誰かが自分のために作ってくれたおにぎりって本当においしいんだよね、ありがとう。」**と。

31 바로 뒤에「誰かが自分のために作ってくれたおにぎりって本当においしい」라고 말하고 있으므로 2가 정답.

そのとき私は思った。おにぎりは手でにぎって作る。ぎゅっぎゅっとにぎってくれたその人のことを思いながら食べるとき、おにぎりはおいしくなるのではないか、と。**32 母は毎朝、大切な家族のことを思いながら、いくつもいくつもおにぎりをにぎっているのだと気づいてから**、私は、毎朝のおにぎりをとてもおいしいと**32 感じるようになった**。

32 「～ようになる」는 [変化 (변화)] 를 나타낸다. 어머니가 가족을 생각하면서 만들고 있는 것을 깨달았다.→오니기리가 맛있게 느껴지게 되었다. 그러므로 정답은 3.

33 질문이 가리키는 범위가 넓을 때 글 전체에서 필자가 말하고 싶은 것을 고른다.

암기하자!

□量 : 양
□当然 : 당연
□おにぎりをにぎる : 오니기리(주먹밥)를 만들다

問題6

34 정답 : 4　35 정답 : 1　36 정답 : 2　37 정답 : 4

私は最近、着付け教室に通っている。着付けは着物を着る方法のことだ。なぜ日本人が、日本の伝統的な服を着る方法をわざわざ習うのかと思う人もいるだろう。日本人は昔、毎日着物を着ていたが、**34 今ではほとんど洋服を着るようになった。着物は正月や結婚式などの機会に、ときどき着るだけ**である。伝統的な日本のものとはいえ、多くの日本人にとって、着物を着るのはかんたんではない。洋服とは形がまったく違うし、ひもを何本も使うこともあるし、とにかくきれいに着るのは難しい。ちゃんと着ないとすぐに形がくずれてしまう。

34 1은 지금도 입는 일이 있으므로 ×.

しかし、うまく着られたときは本当に気持ちがよい。気持ちがすっきりとし、背中をまっすぐにして歩こうと思う。35**きつく結んだひもの強さが、心まで強くしてくれる**ような気がする。伝統的なものというのは、そういう力があるのかもしれない。

私はそんな着物を、特別なものではなく日常のものにしたい。着物を着て買い物に行ったり、友達と食事をしたりしたい。そんなふうに着物と多くの時間を過ごすことで、大好きな36**着物と私の距離が近くなる**といいなと思う。そして、37**着物の力を日常の中でさらに感じられるようになりたいと何よりも強く思う。**

37**もちろん、**もっと多くの人に、着物の良さを知ってもらいたいし、着物を着てほしいとも思う。でも私が着物を着る一番の理由はそこにあるのだ。

35 지시사 문제에서는 바로 앞을 찾으면 쓰여 있는 경우가 많다.

36 이「距離が近い」는「家から近い」라는 의미가 아니라 정신적인 거리가 가깝다고 하는 것.

37「もちろんAと思う。でも~」라고 하는 경우 A에 반대는 아니지만 가장 말하고 싶은 것은 아니다. 가장 말하고 싶은 것은 하나 더 앞에 있다.

암기하자!

□方法 : 방법
□伝統的な : 전통적인
□まったく : 완전히
□ひも : 끈
□くずれる : 무너지다
□すっきり : 산뜻한/상쾌한
□日常 : 일상
□きつく結ぶ : 꽉 묶다
□そんなふうに : 그렇게
□過ごす : 보내다/지내다
□距離 : 거리

問題7

38 정답 ：3　39 정답 ：1

☆富士山観光ホテル　レジャープラン☆

A のんびりピクニックコース	**B 富士山の石で時計作りコース**
約5kmのピクニックコースを景色を楽しみながらゆっくり歩きましょう ※お弁当付き 10時から13時 大人　1500円 子ども（6～10歳）1000円 子ども（5歳以下）500円	火山岩（富士山の石）で自分だけのすてきな時計を作りましょう ※材料費は含まれます ①9時から90分 ②10時半から90分 （お好きな時間をお選びください） 1名2000円
C 夜の富士山と星空観察コース	**D 牧場ふれあい体験コース**
たくさんの星と夜の富士山をゆっくりと眺めましょう ※星空ガイド付き 18時から20時 大人2000円 子ども（6歳以上）1000円 子ども（5歳まで無料）	牧場で牛や羊、うさぎにさわったりえさをあげたりしましょう。 馬に乗ることもできます。 9時から11時半 大人　1800円 12歳以下半額

★開始時間の30分前までにロビーにお集まりください

□無料：무료
□半額：반액 / 반값

38 네 개의 시간만을 보고 17시 반부터 다음 날 11시 사이에 할 수 있는 것을 고른다. B는 「お好きな時間をお選びください」라고 쓰여 있으므로 ①에 참가하면 된다.

39 요금만을 보고 생각한다. A：1500엔×2+1000엔+500엔=4500엔. B：2000엔×4=8000엔. C：2000엔×2+1000엔+0엔=5000엔. D：1800엔×2+900엔×2=5400엔. 가장 저렴한 것은 A.

청해

問題1

れい　정답 ：4　　N3_1_03

大学で女の人と男の人が話しています。男の人は何を持っていきますか。

F：昨日、佐藤さんのお見舞いに行ってきたんだけど、元気そうだったよ。

M：そっか、よかった。僕も今日の午後、行こうと思ってたんだ。

F：きっとよろこぶよ。

M：何か持っていきたいんだけど、ケーキとか食べられるのかな。

F：足のケガだから食べ物に制限はないんだって。でも、おかしならいろんな人が持ってきたのが置いてあったからいらなさそう。ひまそうだったから雑誌とかいいかも。

M：いいね。おすすめのマンガがあるからそれを持っていこうかな。

男の人は何を持っていきますか。

1ばん　정답 ：4　　N3_3_04

女の人と男の人がセミナーについて話しています。女の人はこのあとすぐ何をしますか。

F：見てこのチラシ。一度、歌舞伎を見てみたいと思ってるんだけど、歌舞伎ってあまりよく知らないんだよね。これは、私みたいな人のために、歌舞伎に関する基本的な知識とか、話の見どころを説明してくれるっていうセミナー。

M：ふうん。全然知らないで見るより、勉強してから見たほうが楽しめるね、きっと。いつ？

F：今週の土曜日。それで来月26日は実際に歌舞伎を見に行こうと思っているんだ。

M：来月26日は大事な予定があるから難しいな。でもセミナーは受けるよ。そしたら次の公演のとき見られるかもしれないし。

F：歌舞伎の公演予定はインターネットでいつでも確認できるみたいだよ。チケットもネットで買えるって。

M：セミナーは？

F：えっと。「インターネットとお電話でお申し込みいただけます」だって。

M：ちょっと待って、**定員になり次第、締め切るって書いてあるから、先に電話してまだ申し込めるか聞いたほうがいいんじゃない？**

> 전화로 자리가 남아있는지 묻는 편이 좋다고 했으므로 전화하여 신청한다.

F：え？　あ、本当だ。急がないと。まだ席があるといいんだけど。

女の人はこのあとすぐ何をしますか。

암기하자!

- □セミナー：세미나
- □チラシ：전단지
- □歌舞伎：가부키
- □～に関する：～에 관한
- □基本的：기본적
- □知識：지식
- □実際に：실제로
- □チケット：티켓
- □ネット：인터넷
- □申し込む：신청하다
- □定員になり次第、締め切り：정원이 차는 대로 마감/선착순 마감

2ばん　정답 ：2

N3_3_05

夫婦が家族旅行について話しています。この家族はどこへ旅行に行きますか。

F：ねえ、夏休みの旅行、どこ行く？

M：そうだなぁ、北海道はどう？　涼しいし食べ物もおいしいし、子どもたちも喜ぶよ。

F：うーん、でも**飛行機代もかかるし、予算オーバー**かな。

> 홋카이도는 비행기 값이 든다. 도쿄의 유원지는 붐비고 줄을 서는 것이 큰 일이다. 후지산은 아이와는 무리→교토

M：そうか…

F:もう少し近い京都はどうかな。お寺や神社にたくさん行って、歴史の勉強にもなるし。

M:歴史の勉強かぁ、子どもたち喜ぶかなぁ。それより、東京の大きな遊園地で遊ぶっていうのは?

F:それもいいけど、**遊園地は混んでいるし、暑いなか、何時間も列に並ぶのはたいへんだよ。**

M:それなら、富士山に登ろうよ。富士山の上は暑くないし。

F:登山は、**うちの子どもたちにはまだ無理じゃない? 何時間も歩くんだよ。**

M:わかった。じゃあやっぱり歴史の勉強もできる旅行にしよう。

この家族はどこへ旅行に行きますか。

암기하자!

□予算 :예산
□遊園地 :유원지
□列 :열/줄
□登山 :등산

3ばん　정답 : 1

N3_3_06

女の人と店員が話をしています。女の人が買うカーテンの大きさはどれですか。

F:すみません、カーテンを買いたいのですが。

M:はい、窓の大きさはおわかりですか。

F:はい、えーっと、幅が150cm、高さが100cmです。

M:そうしますと、幅はだいたい40cmを足して、高さには15cmから20cmくらいを足した長さのカーテンがよろしいと思います。

F:ということは…縦の長さは115cmから120cmということになりますね。

M:はい、短いほうが安いですよ。

F:わかりました。では、短いのでいいです。

女の人が買うカーテンの大きさはどれですか。

폭은 150cm+40cm =190cm.

높이는「115cm부터 120cm」의 짧은 쪽이므로 115cm.

암기하자!

□センチ＝cm 센티미터
□幅：폭
□高さ：높이

4ばん　정답 ：4

N3_3_07

男の人が図書館の使い方について話しています。この大学の学生は、いちばん多くて何冊本を借りることができますか。

M：学生のみなさん、こんにちは。今日はこの大学の図書館の使い方について説明します。

この図書館は一般の方も利用できますが、借りることができるのは2冊までです。しかし**みなさんは3冊借りることができます**ので、必ず学生証をカウンターで見せてください。

ただ、**研究やレポート作成のためなど特別な理由があるときは、さらに5冊借りることができます**から、その理由をカウンターにある用紙に記入して提出してください。

この大学の学生は、一番多くて、何冊本を借りることができますか。

·일반：2권

·학생：3권＋특별한 때는 5권

「さらに5冊」이므로 기존의 3권 외에 5권을 더 빌릴 수 있다.

암기하자!

□一般：일반
□学生証：학생증
□カウンター：카운터
□作成：작성
□さらに：게다가/더욱이
□用紙：용지
□記入：기입
□提出：제출

5ばん　정답 ：2

N3_3_08

子どもと父親が家の棚の前で話しています。2人は時計をどこに置きますか。

·가장 위 (1) 는 떨어지면 위험하다

·아래 (4) 에 두면 보기 어렵다

·구석 (3) 도 마찬가지로 보기 어렵다

→2

子：ねえ、お父さん。これ、この棚に置いてもいい？

父：ああ、きれいな時計だね、いいよ。

子：どこに置こうかな。

父：もし**一番高いところに置いて、落ちたら危ないよ**。真ん中が見やすいんじゃない？

子：でも僕、そこは届かなくて置けないよ。だからここは？

父：**そんな下に置いたら、時間が見にくいよ**。

子：そうかぁ、**じゃあ、隅においても同じだね**…

父：うん、届かないならお父さんが置いてあげるから、やっぱり見やすいところがいいよ。

子：うん、そうだね、ありがとう！

2人は時計をどこに置きますか。

암기하자!

□届く：닿다/도달하다

6ばん　정답 ：2

N3_3_09

男の人が女の人の引っ越しを手伝っています。男の人は何を箱に入れますか。

F：来てくれてありがとう。助かるよ。

M：何から手伝おうか。

F：**本棚の本を箱に入れてってくれる？**

M：わかった。**DVDも？**

F：それは売ろうと思って。最近、あまり見ないから。

M：**はさみとかペンもいろいろ置いてあるけど。**

F：**それも入れておいて**。あ、**掃除の道具は入れないで**。アパートを出る前にきれいにしなきゃいけないから。

男の人は何を箱に入れますか。

· 本→넣는다

· DVD→넣지 않는다. 최근 그다지 보지 않으므로 판다

· はさみとかペン＝文房具→넣는다

· 掃除の道具→넣지 않는다. 마지막에 청소하기 위해

□引っ越し：이사
□文房具：문방구

問題2

れい　정답：4

N3_3_11

日本語学校の新入生が自己紹介しています。新入生は、将来、何の仕事がしたいですか。

F：はじめまして、シリンと申します。留学のきっかけは、うちに日本人の留学生がホームステイしていて、折り紙を教えてくれたことです。とてもきれいで日本文化に興味を持ちました。日本の専門学校でファッションを学んで、将来はデザイナーになりたいと思っています。どうぞよろしくお願いします。

新入生は将来、何の仕事がしたいですか。

1ばん　정답：2

N3_3_12

女の人と男の人が話しています。男の人はパソコンをいくらで買いましたか。

F：それ、新しいパソコン？

M：うん、買ったばかりなんだ。

F：いいなぁ、高そうだね。

M：うん。実はリーさんが同じものを先月買って、すごくいいっていうから、先週、お店に見に行ったんだ。そうしたら、定価が20万円もしてさ！

F：やっぱり高いのね。

M：でも、ちょうどお店がセール中で5万円も値引されていたんだよ。

F：え！　それで買ったの？

M：ううん、それでもちょっと高いなと思ったよ。それで家に帰ってよく考えたんだけど、どうしてもほしくなっちゃって、昨日、もう一度その店に行ったんだ。そしたら、なんと定価の半額になってたから、もう買わないわけにはいかなかったよ。

F：そう、いい買い物をしたわね。

男の人はパソコンをいくらで買いましたか。

이야기의 내용

- 정가 20만엔
- 세일 중으로 5만엔 할인→15만엔
- 정가의 반값→10만엔

암기하자!

□定価：정가
□値引：할인
□～わけにはいかない：~해야 한다
買わないわけにはいかない＝사지 않을 수 없다/살 수 밖에 없다

2ばん　정답 ： 2

N3_3_13

女の人と男の人がハチについて話しています。ハチに針があるのはどうしてだと言っていますか。

F：うわ、その腕どうしたの？　はれてない？

M：うん、昨日庭の掃除をしてたらハチに刺されちゃって。

F：え？　大丈夫？

M：ミツバチだったから危なくないと思ったんだ。すぐ針をとって消毒したし、今はもう大丈夫。

F：今度掃除するときはもっと気をつけないとね。でも、ミツバチの針って、一回刺すともうぬけないんだって。

M：そうなんだ。じゃあ、僕を刺したあのハチにはもう刺されないってこと？

F：まあね。それに、**ハチの針は本当はメスが卵を産むためのものだから、オスには針がないし刺さない**って知ってた？

벌의 침은 사실은 암컷이 알을 낳기 위한 것, 이라고 한다.

M：うん、聞いたことあるよ。でも外で活動しているハチはほとんどメスだから、やっぱり危ないよね。

ハチに針があるのはどうしてだと言っていますか。

암기하자!

□ハチ : 벌
□針 : 침
□はれる : 붓다
□消毒 : 소독
□アレルギー : 알러지
□なんともない : 아무렇지도 않다
□ぬく : 뽑다/빼내다
□産む : 낳다
□オス⇔メス : 수컷⇔암컷

3ばん　정답 : 3

N3_3_14

テレビで女の人が、科学館について話しています。リニューアルで新しくなったことは何ですか。

F：来月、リニューアルオープンする科学館に来ています。今回のリニューアルで注目したいのは、星空を作り出せるプラネタリウム。リニューアル前から人気でしたが、今後は毎日日替わりでその日の夜の星空を映して、その日に見える星や、その星に関するお話を紹介することになったそうです。展示は、これまでのように、音・光・力・宇宙・新技術のテーマごとに、サイエンスショーを見たり、展示されているものの説明を聞いたりできます。サイエンスカフェや図書館、おみやげ物屋さんも前と同じようにありますので、みなさん、科学館がリニューアルオープンしたら、ぜひ遊びに行きましょう。

リニューアルで新しくなったことは何ですか。

플라네타리움도 도서관도 원래 있었다. 특히 플라네타리움은「リニューアル前から人気」라고 말하고 있다.

암기하자!

□リニューアルオープン : 리뉴얼 오픈
□人気 : 인기
□今後 : 앞으로
□日替わり : 매일 바뀌는
□映す : 비치다
□宇宙 : 우주
□テーマ : 테마
□~ごと : ~마다

4ばん　정답 ：3

N3_3_15

女の人と男の人がバランス能力について話しています。女の人ができないことは何ですか。

F：太田くんは片足立ちってできる?

M：片足立ち?　両足じゃなくて、こうやって1本の足だけで立つの?　ほら、できるよ。かんたんだもん。

F：じゃあ、目を閉じたらどう?　バランス能力のトレーニング。

M：目を閉じたらちょっと難しいけど、できると思うよ。…ほらできた。

F：じゃあ、**目は開けて、片足立ちのまま、このボールを上に投げて取**るっていうのは?

M：できるよ。ほらね。

F：すごいね。**私はできなかった**よ。バランス能力が低い人は、バランスをとってても、他にやらなきゃいけないタスクが与えられると、すぐバランスをくずしちゃうんだって。

女の人ができないことは何ですか。

남성이 하고 있는 일을 상상하면서 듣는다.

암기하자!

□バランス：밸런스/균형
□能力：능력
□目を閉じる ⇔ 目を開ける：눈을 감다 ⇔ 눈을 뜨다
□ボール：볼
□ほらね：봤지?
□タスク：일/작업
□与える：주다/수여하다

5ばん　정답 ：2

N3_3_16

男の人が、ジュニアオーケストラのコンサートについて話しています。コンサートの一番の目的は何ですか。

M：ジュニアオーケストラは、大人ではなく、小学生から高校生までの、子どもたちがメンバーのオーケストラです。ジュニアオーケストラは日本全国にいくつもありますが、今度、そのなかの８つのオーケストラが合同でコンサートを開くことになりました。お互いの演奏を聴いて勉強するというのも大事ですが、**一番のねらいは、同じぐらいの年齢で、同じようにオーケストラの活動を頑張っている子どもたちが、一つの場所で一緒に練習したり話をしたりして、交流を深めることです。**全国に同じ目標を持った友達ができれば、いつもの練習ももっと頑張ることができます。コンサートは一般の方もご覧いただけますので、興味のある方はぜひお問い合わせください。

コンサートの一番の目的は何ですか。

암기하자!

□目的：목적
□メンバー：멤버
□合同：합동
□お互い：서로
□演奏：연주
□年齢：연령
□活動：활동
□頑張る：열심히 하다/힘내다
□交流を深める：교류를 깊이하다
□全国：전국
□目標：목표

6ばん　정답 ： 4

N3_3_17

女の人が、「よりそいホットライン」という電話でのサービスについて話しています。このサービスに電話すると、どんなことができますか。

F：よりそいホットラインは、**電話でいろいろな相談ができるサービス**です。いろいろな相談といっても、家族や友達に相談できる話は、ここでは受け付けていません。ほかの人にはあまり言いたくないけど、でも自分ひとりで考えたり悩んだりするのがつらくて大変なことを、電話で相談できるのです。24時間無料のサービスで、**スタッフが話を聞いて、一緒に解決する方法を探します**。7か国語の外国語にも対応しています。誰かに聞いてもらうだけで気持ちが少し楽になるかもしれません。何か道が見つかるかもしれません。秘密は必ず守ります。このサービスで一人でも多くの人を助けたいと思っています。

このサービスに電話すると、どんなことができますか。

암기하자!

□サービス：서비스
□受け付ける：접수하다
□悩む：고민하다
□つらい：괴롭다
□内容：내용
□解決：해결
□気持ちが楽になる：마음이 편해지다
□秘密：비밀

問題3

れい　정답：3

N3_3_19

日本語のクラスで先生が話しています。

今日は「多読」という授業をします。多読は、多く読むと書きます。本をたくさん読む授業です。ルールが3つあります。辞書を使わないで読む、わからないところは飛ばして読む、読みたくなくなったらその本を読むのをやめて、ほかの本を読む、の3つです。今日は私がたくさん本を持ってきたので、まずは気になったものを手に取ってみてください。

今日の授業で学生は何をしますか。

1　先生が本を読むのを聞く

2　辞書の使い方を知る

3　たくさんの本を読む

4　図書館に本を借りに行く

1ばん　정답 : 1　N3_3_20

女の人と男の人が話しています。

F：ねえ、これどう思う？

M：いいんじゃない？

F：色も形も素敵なんだけど、ちょっと大きいかな…

M：サイズはどう？

F：ここに書いてあるサイズはちょうど私のと一緒なのよ。でも、これ、手で持つとちょっと重いの。疲れちゃうかもしれない。

M：**とにかく一度、はいてみたら**？　手で持つのと実際に歩くのとでは違うと思うよ。

二人は何を見ていますか。

1　くつ

2　かばん

3　ぼうし

4　シャツ

「はく」는 바지, 치마, 구두, 양말 등에 사용

암기하자!

□素敵：매우 근사함/아주 멋짐

□サイズ：사이즈

2ばん　정답 ：1

N3_3_21

テレビで美術館の人が話しています。

F: 今月から「わくわくタイム」という新しいイベントを始めました。これは主に小学生向けのイベントです。毎週日曜日に、私たち職員と一緒に、美術館のなかで、絵をかいたり折り紙をしたりして楽しむものです。美術館というと、絵や芸術作品を見るところだと思う方が多いでしょう。もちろん、それも大切なことなのですが、私たちはこのイベントで、まず子どもたちに、美術館って楽しいところだ、と思ってほしいのです。

子どもたちが美術館で楽しい経験をしたら、美術館って素敵なところだと思ってくれることでしょう。子どもたちにとって美術館が、ときどき親に連れられて来るところではなく、自分から行きたいと思う場所になるように望んでいます。

「わくわくタイム」の目的は何ですか。

1　子どもたちに美術館を好きになってほしい

2　子どもたちに絵をたくさん見てほしい

3　子どもたちに1人で来てほしい

4　子どもたちに折り紙を展示してほしい

기하자!

□主に : 주로
□芸術作品 : 예술작품
□自分から : 스스로
□望む : 바라다/원하다

·그림을 그리거나 종이 접기를 하면서 즐긴다

·미술관에서 즐거운 경험→멋진 곳

·스스로 가고 싶다고 생각하는 장소

등의 말에서 아이들이 미술관을 좋아했으면 좋겠다고 생각하는 것이 느껴진다.

3ばん　정답：2

N3_3_22

テレビで女の人と男の人が話しています。

F: 毎日お忙しいと思いますが、お元気ですね。

M: ええ、今年で80歳になりますが、ほとんど病気にはなりません。毎日、元気に仕事もしています。会社まで毎日１時間歩いているのがいいのかもしれません。あと、食事も大切ですね。特に高価なものを食べたり、特別な健康食品を食べたりはしていません。いろいろなものをバランスよく食べることです。もちろん、睡眠も十分にとります。毎日９時に寝て５時に起きるようにしています。

男の人は何について話していますか。

1　毎日忙しい理由
2　健康のための習慣
3　病気を治す方法
4　仕事を辞めた後の生活

·회사까지 1시간 걷는다

·여러가지를 균형있게 먹는다

·수면을 충분히 취한다

→건강을 위해 하고 있는 것

암기하자!

☐高価 : 고가
☐健康食品 : 건강식품
☐睡眠 : 수면
☐習慣 : 습관

問題4

れい　정답 ：2　N3_3_24

写真を撮ってもらいたいです。近くの人に何と言いますか。

1　よろしければ、写真をお撮りしましょうか。

2　すみません、写真を撮っていただけませんか。

3　あのう、ここで写真を撮ってもいいですか。

1ばん　정답 ：1　N3_3_25

先生の話がよく聞こえませんでした。何と言いますか。

M：1　すみません、もう一度言ってくださいませんか。

2　すみません、もう一度申し上げてください。

3　すみません、もう一度お話しになります。

암기하자!

□~てくださいませんか：「~てください」의 정중한 표현

2 「申し上げる」는 [謙譲語（겸양어）]。자신이 말할 때 사용한다.

3 「お~になる」는 [尊敬語（존경어）]。선생님께 존경어를 사용하는 것은 좋지만 무언가를 부탁하는 말은 아니다.

2ばん　정답 ：2　N3_3_26

お金を入れてボタンを押しましたが、きっぷが出ません。何と言いますか。

F：1　あの、きっぷを買うわけがないんです。

2　すみません、きっぷが出ないんですが。

3　今、きっぷを買ったところです。

암기하자!

□~わけがない＝~할 리가 없다

□~たところ＝마침~하였습니다

3ばん　정답 ：1　N3_3_27

一週間の休みがほしいです。何と言いますか。

M：1　できれば、一週間の休みをいただきたいのですが。

2　ぜひ一週間の休みをお取りいただきたいです。

3　実は一週間、休みたがっているんです。

「いただきたいです」라고 말하지 않고 「~が…」라고 말하면 부드러워진다.

2 「お~いただく」는 [尊敬語（존경어）]。상대에게 「休みをとってください」라고 말하는 것처럼 들린다.

3　~たがっている：(자신이 아닌 사람이) ~하고 싶다고 생각하고 있다

4ばん　정답 : 3　　N3_3_28

友達の部屋が汚いです。何と言いますか。

M : 1　わあ、掃除しちゃったね。

2　まるで部屋の掃除をするかのようだね。

3　部屋の掃除したらどう?

~したらどう? : [提案 (제안)]

 1　~しちゃった :「~してしまった」의 캐주얼한 표현.

2　(まるで) ~かのようだ : (마치)~하는 것 같다

問題5

れい　정답 : 3　　N3_1_30

M : すみません、会議で使うプロジェクターはどこにありますか。

F : 1　ロッカーの上だと高すぎますね。

2　ドアの横には置かないでください。

3　事務室から借りてください。

1ばん　정답 : 1　　N3_3_31

F : 今から一緒に映画を見に行かない?

M : 1　明日、テストでそれどころじゃないよ。

2　いえいえ、こちらこそありがとう。

3　ごめんなさい、映画を見せてください。

それどころじゃない=그런 일을 하고 있을 시간이 없을 정도로 큰일이다

2ばん　정답 : 2　　N3_3_32

M : すみません、この靴、履いてみてもいいですか。

F : 1　はい、2500円です。

2　ええ、サイズは26cmですがよろしいですか。

3　はい、その後どこへ行きますか。

よろしいですか :「いいですか」의 정중한 표현

3ばん　정답 : 3　　N3_3_33

F : 冬休みはどうしますか。

M : 1　国には2年前に帰りました。

2　夏休みのほうが長いです。

3　ほとんどアルバイトです。

冬休みはどうしますか=이번 겨울 방학에 무엇을 합니까?

4ばん　정답 : 3　N3_3_34

M: ご家族にはときどき電話をかけますか。

F: 1　はい、すぐにかけます。

2　いいえ、電話がすぐに切れました。

3　はい、1週間に1回ぐらいです。

「ときどき」라고 [頻度 (빈도)] 를 묻고 있으므로「1週間に1回ぐらい」가 정답이다.

 2　電話が切れる : 전화가 끊기다

5ばん　정답 : 2　N3_3_35

M: アンさんのお母様はどんな方ですか。

F: 1　はい、父は厳しい人です。

2　そうですね…料理が上手です。

3　わかりました、すぐに母に電話します。

6ばん　정답 : 1　N3_3_36

F: ヨウさん、手、どうしたんですか。

M: 1　料理をしていて、やけどをしました。

2　どういたしまして。

3　食事の前には手を洗いましょう。

7ばん　정답 : 3　N3_3_37

F: 最近、調子がよさそうだね。どうしたの?

M: 1　そうですね、最近調子が悪くなりました。

2　去年は大きな病気をしたものですから…。

3　運動を始めてから、よく眠れるようになったんです。

眠る : 잠들다

8ばん　정답 : 3　N3_3_38

F: これ、ひとついただいてもいいですか。

M: 1　ええ、ごちそうさまでした。

2　はい、いただきます。

3　あ、どうぞ。

いただいてもいいですか。:「もらってもいいですか」의 정중한 표현.

9ばん　정답 : 2　N3_3_39

F: スピーチコンテストの準備、私にできることある?

M: 1　えっ、何も手伝ってくれないの?

2　ありがとう。でも、大丈夫。

3　何でも頼んで。

독해 · 청해문제 출제 협력

조철 (카미쿠보) 아키코: 프리랜스 일본어강사
고토 리카: 프리랜스 일본어강사

언어지식문제 출제 협력

天野綾子、飯塚大成、碇麻衣、氏家雄太、占部匡美、遠藤鉄兵、大澤博也、カインドル宇留野聡美、笠原絵理、嘉成晴香、後藤りか、小西幹、櫻井格、柴田昌世、鈴木貴子、田中真希子、戸井美幸、中越陽子、中園麻里子、西山可菜子、野島恵美子、松浦千晶、松本汐理、三垣亮子、森田英津子、森本雅美、二葉知久、濱田修、横澤夕子、横野登代子（五十音順）

필승합격일본어능력시험(JLPT)N3 모의고사

발행일	2021년 2월 25일　초판　제1쇄 발행
편저	아스크출판 편집부
발행인	송부영
발행처	(주)해외교육사업단
출판등록	제16-1456호
주소	서울특별시 서초구 강남대로 381,(두산709호)
전화	02-736-1010
이메일	song@hed.co.kr
홈페이지	www.hedgroup.co.kr

필승합격일본어능력시험
N3 모의고사

제1회

음성파일과 채점표

N3
げんごちしき（もじ・ごい）
（30ぷん）

ちゅうい
Notes

1. しけんが　はじまるまで、この　もんだいようしを　あけないで　ください。
   Do not open this question booklet until the test begins.

2. この　もんだいようしを　もって　かえる　ことは　できません。
   Do not take this question booklet with you after the test.

3. じゅけんばんごうと　なまえを　したの　らんに、じゅけんひょうと　おなじように　かいて　ください。
   Write your examinee registration number and name clearly in each box below as written on your test voucher.

4. この　もんだいようしは、ぜんぶで　5ページ　あります。
   This question booklet has 5 pages.

5. もんだいには　かいとうばんごうの 1 、 2 、 3 …が　ついて　います。かいとうは、かいとうようしに　ある　おなじ　ばんごうの　ところに　マークして　ください。
   One of the row numbers 1 , 2 , 3 … is given for each question. Mark your answer in the same row of the answer sheet.

じゅけんばんごう　Examinee Registration Number	
なまえ　Name	

問題1　＿＿＿のことばの読み方として最もよいものを、1・2・3・4から一つえらびなさい。

1　コンピューターの会社に転職します。

1　てんしょく　　2　てんきん　　3　しゅうしょく　　4　しゅうきん

2　今日の晩ごはんは何にしようか。

1　よる　　2　ばん　　3　ゆう　　4　ひる

3　このレストランは夜おそくまで営業している。

1　かいぎょう　　2　えいぎょう　　3　へいぎょう　　4　こうぎょう

4　駅に行くにはこちらの方が近道ですよ。

1　きんどう　　2　ちかどう　　3　きんみち　　4　ちかみち

5　彼の長年の努力(どりょく)がやっと世間(せけん)の人々(ひとびと)に認められた。

1　たしかめ　　2　ほめ　　3　みとめ　　4　もとめ

6　プラスチックの原料は石油(せきゆ)だ。

1　げんりょう　　2　ざいりょう　　3　ねんりょう　　4　ちんりょう

7　道路(どうろ)が渋滞していたので遅刻(ちこく)してしまった。

1　じゅんだい　　2　じゅうたい　　3　じゅたい　　4　じゅうだい

8　その調子でがんばりましょう。

1　ちょこ　　2　ちょし　　3　ちょうこ　　4　ちょうし

問題2 ＿＿＿のことばを漢字で書くとき、最もよいものを、1・2・3・4から一つえらびなさい。

9 子(こ)どもと公園(こうえん)であそびました。

1 逃び　2 運び　3 遅び　4 遊び

10 救急車(きゅうきゅうしゃ)で運(はこ)ばれた男性(だんせい)はじゅうたいだそうだ。

1 十代　2 重大　3 重体　4 十体

11 今、外にいるんです。きたくしたら、もう一度電話します。

1 帰家　2 着家　3 帰宅　4 着宅

12 つめたいジュースを飲んだ。

1 冷たい　2 凍たい　3 寒たい　4 涼たい

13 風邪(かぜ)のときは睡眠(すいみん)とえいようをしっかりとってくださいね。

1 体調　2 休養　3 栄養　4 治療

14 世界中の人がこのニュースにかんしんを持っている。

1 関心　2 感心　3 完心　4 観心

問題3　（　　　）に入れるのに最もよいものを、1・2・3・4から一つえらびなさい。

15 工場見学をご（　　　）の方は、私にお知らせください。

1　興味　　2　期待　　3　確認　　4　希望

16 息子の進学のために、毎月（　　　）している。

1　貯金　　2　税金　　3　現金　　4　代金

17 運動（　　　）なので、ジョギングを始めます。

1　不安　　2　不足　　3　不良　　4　不満

18 昨日、何もしないで早く寝たので、（　　　）元気になった。

1　すっかり　　2　ぐっすり　　3　はっきり　　4　ぴったり

19 新井さんに花の（　　　）をたくさんもらいました。

1　林　　2　種　　3　草　　4　葉

20 昨日のテストの（　　　）が心配だ。

1　研究　　2　検査　　3　調査　　4　結果

21 去年の旅行では（　　　）が多くて大変でした。

1　ドリブル　　2　トラブル　　3　サポート　　4　サイクル

22 階段を降りるときに（　　　）らしく、足が痛い。

1　ひねった　　2　ほった　　3　なでた　　4　しぼった

23 私の上司は仕事をしながら（　　　）ばかり言っている。

1　会話　　2　電話　　3　文句　　4　笑顔

24 試合で負けて、とても（　　　）。

1　はげしい　　2　くやしい　　3　あやしい　　4　むずかしい

25 昨日の自動車事故の（　　　）は、エンジンの故障らしい。

1　理解　　2　説明　　3　原因　　4　様子

問題4 ＿＿＿に意味が最も近いものを、1・2・3・4から一つえらびなさい。

26 さいきん、ますます寒くなってきた。

1 ゆっくり　　2 さらに　　3 きゅうに　　4 すこし

27 このサイトで5千円以上買うと送料がただになるよ。

1 割引　　2 無料　　3 得　　4 半額

28 夏は食べ物がくさりやすい。

1 よくなり　　2 かたくなり　　3 あつくなり　　4 だめになり

29 会議では、そっちょくな意見が出なかった。

1 しょうじきな　　2 なまいきな　　3 むずかしい　　4 あたらしい

30 となりの家の犬がやかましい。

1 うるさい　　2 おもしろい　　3 やさしい　　4 つよい

問題5　つぎのことばの使い方として最もよいものを、1・2・3・4から一つえらびなさい。

31 決して

1　先生のことは、決して忘れません。

2　姉は、休みの日に決してこの店で買い物をする。

3　明日は決して雨がふるだろう。

4　近所の人に会ったら、決してあいさつをしましょう。

32 転送

1　会議の場所のメールを後輩にも転送した。

2　横を見ながら転送すると危ないですよ。

3　郵便局へ行って荷物を転送した。

4　家を転送して住所が変わった。

33 誘う

1　３年付き合った彼に、結婚してくれと誘われた。

2　部下から来週月曜日は休ませてほしいと誘われた。

3　父からもっと勉強を頑張るように誘われた。

4　友達に文化祭を見に行こうと誘われた。

34 食欲

1　体調が悪くて食欲がない。

2　この油は食欲なので料理に使います。

3　もうすぐ食欲の時間ですよ。

4　お昼ご飯は近くの食欲で食べます。

35 安定

1　安定のためにヘルメットをかぶりなさい。

2　休みの日は安定してビールが飲める。

3　平日のカフェはゆっくり安定できる。

4　今より安定した仕事を見つけたい。

N3

言語知識（文法）・読解

（70分）

注　意
Notes

1. 試験が始まるまで、この問題用紙を開けないでください。
   Do not open this question booklet until the test begins.

2. この問題用紙を持って帰ることはできません。
   Do not take this question booklet with you after the test.

3. 受験番号と名前を下の欄に、受験票と同じように書いてください。
   Write your examinee registration number and name clearly in each box below as written on your test voucher.

4. この問題用紙は、全部で19ページあります。
   This question booklet has 19 pages.

5. 問題には解答番号の 1 、 2 、 3 …が付いています。
   解答は、解答用紙にある同じ番号のところにマークしてください。
   One of the row numbers 1 , 2 , 3 … is given for each question. Mark your answer in the same row of the answer sheet.

受験番号　Examinee Registration Number	
名前　Name	

問題1　つぎの文の（　　　）に入れるのに最もよいものを、1・2・3・4から一つえらびなさい。

1 本当にその仕事がしたければ、何度でも挑戦(ちょうせん)してみる（　　　）だ。

1　わけ　　2　せい　　3　つもり　　4　べき

2 勉強のできる長男（　　　）、次男はサッカーのことしか頭にない。

1　にとって　　2　にしては

3　にかわって　　4　にたいして

3 もし暑(あつ)い（　　　）、店員にお知らせください。

1　ようでしたら　　2　ときなので

3　からといって　　4　ものですから

4 暑(あつ)い日はアイスクリーム（　　　）ね。

1　のみだ　　2　にかぎる　　3　のおかげだ　　4　きりだ

5 子どものころは夏休み（　　　）祖母(そぼ)の家ですごしていた。

1　を　　2　へ　　3　が　　4　と

6 昨日(きのう)、（　　　）おみやげを買っておいたのに、持ってくるのを忘(わす)れてしまった。

1　めったに　　2　せっかく　　3　まったく　　4　ぜったい

7 熱(ねつ)があるなら、今日はゆっくり休む（　　　）。

1　そうだ　　2　というものだ

3　ことだ　　4　ものだ

8 全員が（　　　）、会議(かいぎ)を始めましょう。

1　集まっても　　2　集まったところ

3　集まりしだい　　4　集まると

9 電車が止まってしまったから（　　　）。

1　歩くことはない　　2　歩くしかない

3　歩こうともしない　　4　歩けなかった

10 先生はまるで私の親（　　　）かのように、私のことを考えてくれる。

1　みたい　　2　である　　3　だろう　　4　そう

11 かべに「禁煙」という紙がはってあります。「ここでたばこを（　　　）」という意味です。

1　吸いな　　2　吸え　　3　吸おう　　4　吸うな

12 エアコンを（　　　）出かけてしまった。

1　ついたまま　　2　つけたまま

3　ついている間　　4　つけている間

13 彼は今、入院しているから、今日のパーティーに来られる（　　　）。

1　とはかぎらない　　2　べきではない

3　ことがない　　4　はずがない

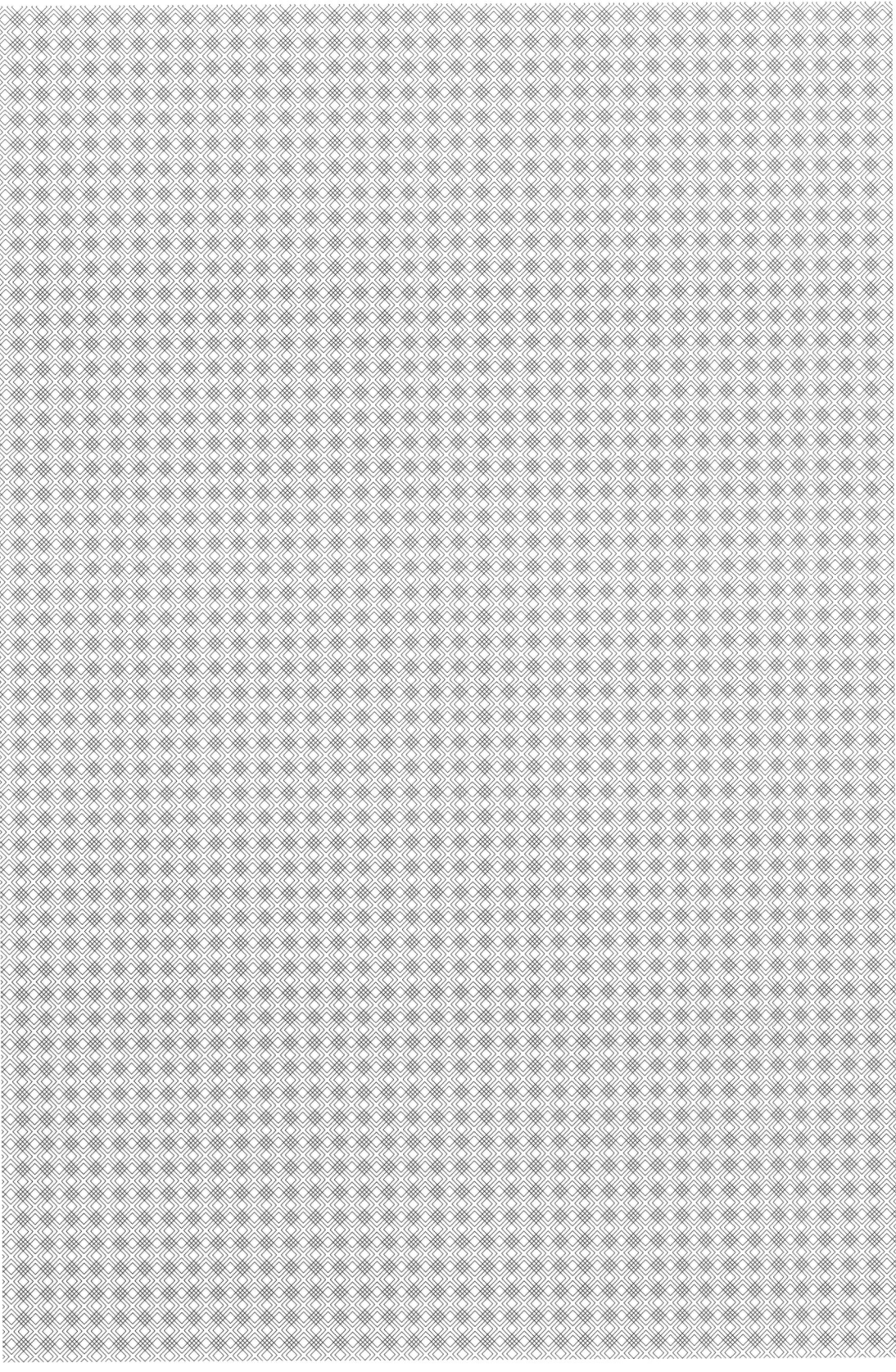

問題2　つぎの文の＿★＿に入る最もよいものを、1・2・3・4から一つえらびなさい。

（問題例）

木の ＿＿＿ ＿＿＿ ＿★＿ ＿＿＿ います。

1 が　2 に　3上　4ねこ

（解答のしかた）

1. 正しい答えはこうなります。

> 木の ＿＿＿ ＿＿＿ ＿★＿ ＿＿＿ います。
> 3 上　2 に　4 ねこ　1 が

2. ＿★＿に入る番号を解答用紙にマークします。

（解答用紙）

（例）	①　②　③　●

---

14 週末に ＿＿＿ ＿＿＿ ＿★＿ ＿＿＿ を探しています。

1　アルバイトをして　　2　留学生

3　くれる　　4　うちの店で

15 どんなにつらくても、生きていかなければならない。＿＿＿ ＿＿＿ ＿★＿ ＿＿＿ 喜びもあるのだ。

1　こそ　　2　いる　　3　から　　4　生きて

16 店長「お客さんから、スタッフの ＿＿＿ ＿＿＿ ＿★＿ ＿＿＿ があった。君から、スタッフに注意してくれ。」
副店長「かしこまりました。」

1　元気がない　2　という　3　クレーム　4　あいさつに

17 私の ＿＿＿ ＿＿＿ ＿★＿ ＿＿＿ いない。

1　ほど　2　恋人　3　は　4　かわいい人

18 この図の ＿＿＿ ＿＿＿ ＿＿＿ ＿★＿ ください。

1　紙を　2　とおりに　3　みて　4　折って

제1회

문법

問題3　つぎの文章を読んで、文章全体の内容を考えて、[19]から[23]の中に入る最もよいものを、1・2・3・4から一つえらびなさい。

下の文章は、留学生が書いた作文です。

「日帰り温泉」

ルイス

日本に来る前、私は温泉には行きたくないと思っていました。[19]、私の国にはない習慣で、他の人と風呂に入るのは恥ずかしいと思ったからです。でも、日本人の友達[20]、日本人は温泉を楽しむために来ているので、周りの人のことは全然気にしないそうです。このことを知ってから、私も友達と旅行に行って、あまり気にしないで温泉を[21]。

温泉というと、観光地などのホテルや旅館へ泊まって入るイメージがありますが、最近はショッピングモールなどにも温泉があり、遠くまで行かなくても、温泉に入ることができます。[22]、その日のうちに行って帰ってこられる温泉は「日帰り温泉」と呼ばれています。

家で入るお風呂も気持ちがいいですが、広いお風呂に入ったり、温泉のあとのマッサージなどゆっくりできるサービスを受けたりするのは、リフレッシュできて気持ちがいいです。[23]、温泉はお湯の成分が体にいいので、今度国から家族や友達が来たら、ぜひ日帰り温泉に連れていきたいと思います。

19

1　そのうえ　　2　それと　　3　だから　　4　なぜかというと

20

1　だからこそ　　2　によると　　3　となると　　4　に似て

21

1　楽しまされました　　2　楽しかったかもしれません

3　楽しめるようになりました　　4　楽しんだと思います

22

1　あのように　　2　このような　　3　それから　　4　あれから

23

1　たとえば　　2　一方で　　3　とはいえ　　4　何より

問題4　つぎの(1)から(4)の文章を読んで、質問に答えなさい。答えは、1・2・3・4から最もよいものを一つえらびなさい。

(1)

線香花火は手で持つタイプの花火で、火をつけると火の玉ができます。火花は小さく、木の小枝のようにパチパチと飛び散り、だんだん弱くなって最後には火の玉がポトっと落ちます。火花が長く続くようにするには、火をつける前に火薬が入っている部分を指で軽く押さえて空気を抜くといいようです。また、新しい花火より1年前の花火のほうが、火薬が中でよくなじんで安定したきれいな花火が見られるという人もいます。余ったら袋に入れて、冷暗所に置いておくといいでしょう。

24 この文章で言っていることと合っているのはどれですか。

1　線香花火は危ないので手で持ってはいけない。

2　火薬の空気を抜くと、火花が長く続く。

3　新しい花火のほうがきれいに見られる。

4　新しい花火は冷蔵庫で冷やしてから使う。

(2)

これは会社の人が社員に送ったメールである。

> みなさま
>
> お疲れさまです。
>
> 明日の7：00から10：00に電気設備の交換工事が予定されています。
>
> その時間はビル全体で電気が止まります。
>
> つきましては、明日の始業時間は10：00とします。
>
> 部長会議は9：30からの予定でしたが、10：30からに変更します。
>
> 朝は停電のため、電話やWi-fiがつながらなくなります。
>
> 必要に応じて、社外の人に伝えてください。
>
> 今日は、パソコンの電源は切って帰ってください。
>
> よろしくお願いします。
>
> 関口

25 このメールを受け取った社員全員がしなければいけないことは何か。

1 電気設備を交換する
2 会議に出席する
3 社外の人に伝える
4 帰るときにパソコンの電源を切る

(3)

ジュースなどを飲むのに、ストローを使って飲む人は多いでしょう。しかし今、このストローがよくないという意見が世界中で増えています。原料であるプラスチックがごみとなり、海を汚し、そこにすむ生物に悪い影響を与えているのです。

このため、プラスチックのストローを使うのをやめようという運動が始まっています。そのかわりに考えられたのが、紙や木からつくられたストローです。これらはすでにいくつかのコーヒーショップやレストランなどで使われていますが、値段が高いことが問題です。これについては今後解決しなければなりません。

26 この文章を書いた人は、ストローについてどのように考えているか。

1 環境に悪い影響を与えないストローが、安く作られるとよい。

2 海で飲み物を飲むときに、ストローを使うのは良くない。

3 プラスチックで作ったストローは、高いから良くない。

4 環境のためならストローの値段は関係ない。

(4)

学生のみなさん

駐輪場(ちゅうりんじょう)の工事について

1月28日より2月12日まで工事を行うので、現在利用している北駐輪場(ちゅうりんじょう)と南駐輪場(ちゅうりんじょう)は利用できません。

自転車は東駐輪場(ちゅうりんじょう)に、オートバイは西駐輪場(ちゅうりんじょう)に停めてください。

どちらの駐輪場(ちゅうりんじょう)も朝7時に門が開きます。それ以前に利用したい場合は、学生課に申込みをしてください。特別に職員用駐輪場(ちゅうりんじょう)を利用できます。

なお、すべての駐輪場(ちゅうりんじょう)は夜9時に閉まります。それ以降は自転車・オートバイを出せませんのでご注意ください。

学生課

27 文の内容について正しいものはどれか。

1　自転車とオートバイは、それぞれ別の駐輪場(ちゅうりんじょう)に停めなければならない。

2　夜9時以降は、自転車は出すことができるが、オートバイは出すことができない。

3　工事期間中は、平日だけ北駐輪場(ちゅうりんじょう)と南駐輪場(ちゅうりんじょう)を利用できない。

4　朝7時前は、誰でも職員用駐輪場(ちゅうりんじょう)に自転車やオートバイを停めてよい。

問題5　つぎの(1)と(2)の文章を読んで、質問に答えなさい。答えは、1・2・3・4から最もよいものを一つえらびなさい。

(1)

日本は地震が多い国だから考えておかなければならないことがある。地震がおこった時にまずどうするかということと、地震がおこる前に何を準備しておくかということだ。

実際に揺れを感じたら、まず机やテーブルなどの下にかくれる。そして揺れが止まった後、台所で火を使っていたら消して、それから安全な場所へ逃げる。逃げる場所は、市や町が決めた学校などが多いので、確認しておく必要がある。これについては事前に家族で話し合い、実際に一度、家からそこ①まで歩いておくのもいいだろう。

また、地震がおこる前に重要なのは、食料と水の用意だ。少なくとも、3日分の量が必要だと言われている。私がすすめる方法は、それらを特別に買って保存するのではなく、いつもより少し多めに買い、使ったらまた足すという方法だ。食料は料理しなくても食べられるものがいいだろう。

このように、普段の生活の中で、地震に対する準備②をしておくことが必要なのだ。

28 地震がおこったときには、最初に何をするか。

1　すぐに外へ逃げる

2　何かの下に入って身を守る

3　料理で使っている火を消す

4　家族で話し合う

29 ①そことはどこのことか。

1　市や町が決めた場所

2　揺れが止まった部屋

3　食べ物や水を買う店

4　机やテーブルの下

30 ②準備とあるが、例えばどんな準備か。

1　3日前から地震（じしん）について考えておくこと

2　食料を多めに買って家で食べてみること

3　食料や水を確保しておくこと

4　地震（じしん）が起こったときにすぐに外やほかの場所へ逃げること

(2)

レトルトカレーは、数分温めるだけでかんたんにカレーが食べられる商品です。レトルトという技術ははじめ、アメリカで軍隊が遠くへ出かけるときに持っていく携帯食として開発され、アポロ11号の宇宙食にも使われたことがあります。日本の企業がそのレトルト技術を研究し、家庭の食品用に利用したのです。

製造の工程を見ると、レトルトカレーは三重構造になっている特別な容器に入れられ、真空パックされます。このとき、材料の肉は先にゆでられますが、野菜はまだ生のままです。そのあと、圧力が加えられ120度の温度で35分間、加熱して材料に火を通し、菌を殺します。こうすることで、約2年間も保存することができます。

レトルトカレーの材料は、一般的なものから変わったものまでいろいろあり、日本各地の名産品が使われることも多くあります。食感や甘さなど、それぞれの名産品の良さをいかして、新しい味のレトルトカレーがたくさん作られています。

31 レトルトの技術は、はじめ何のために開発されたと言っているか。

1　カレーを食べたことのない人が、カレーの味を知るため。
2　忙しくて時間がない人が、簡単に食事をとるため。
3　海外旅行のときに、おみやげとして持って帰るため。
4　料理ができない場所で、食事をするため。

32 レトルトカレーの製造方法で、合っているものはどれか。

1　材料の肉は、野菜より先に火を通す。
2　野菜は生のままで製品になる。
3　材料は、低温で何時間もかけて料理される。
4　容器は三重構造で、いろいろなものに使える。

33 この文章の言っていることと合っているものはどれか。

1　レトルト技術は、日本の企業がはじめに開発した。
2　レトルト技術は、カレーにだけ利用されている。
3　レトルトカレーは、長い間保存することができる。
4　レトルトカレーは、昔から同じ味で作られている。

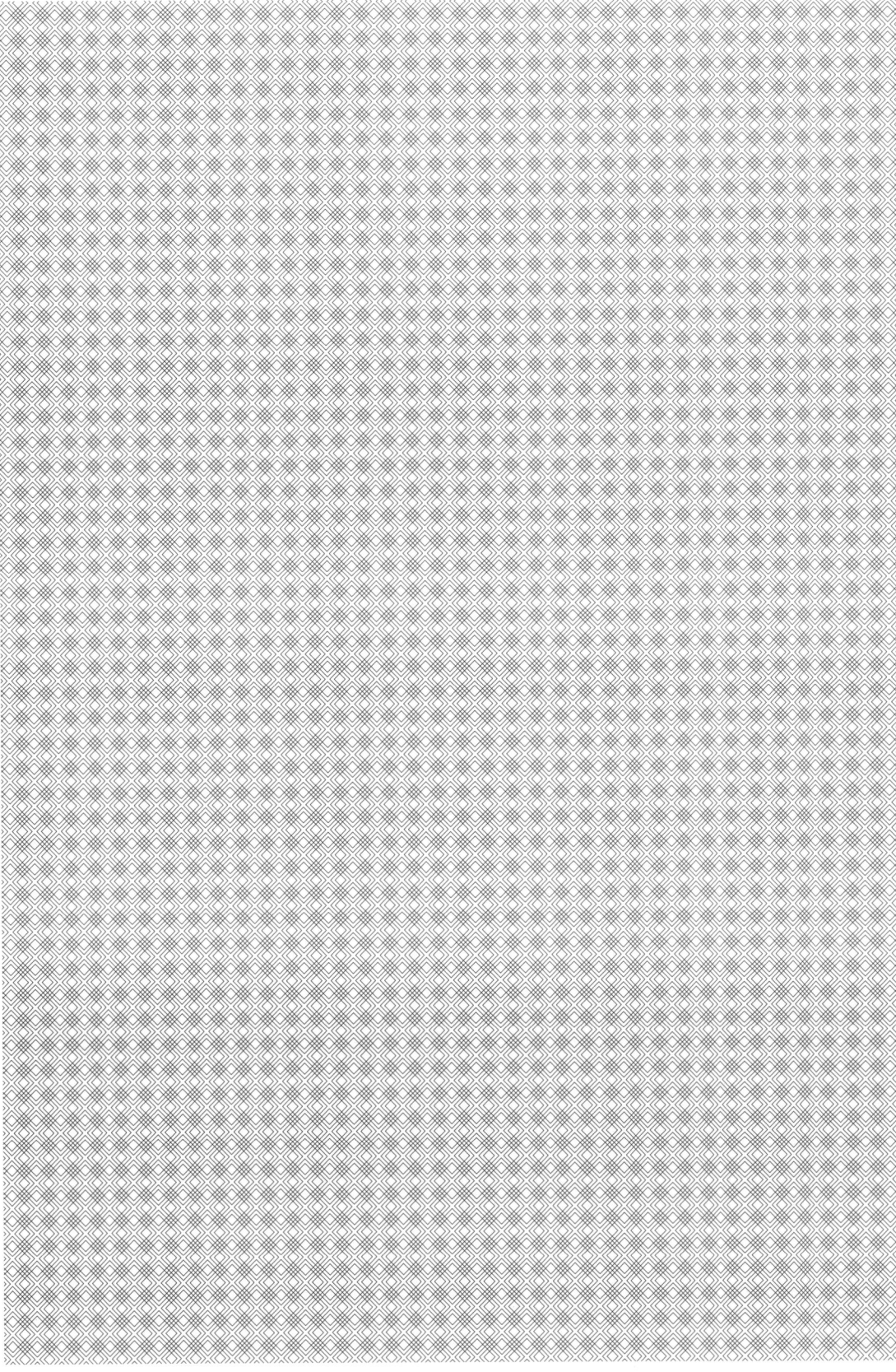

問題6　つぎの文章を読んで、質問に答えなさい。答えは、1・2・3・4から最もよいものを一つえらびなさい。

風呂敷というのは、四角い布のことで、物を包むのに使います。包んだものを運んだり、しまったり、人に贈ったり、幅広い使い方があります。しかし、最近では物を運ぶのには紙袋やレジ袋が、物をしまうのにはプラスチックの箱や段ボール箱が使われるようになり、風呂敷は昔ほど使われなくなりました。

風呂敷のように、四角い布を生活の中で広く利用する習慣は、世界のいろいろな地域で見られます。日本では奈良時代から使われていたことがわかっていますが、風呂敷という言葉は江戸時代に広がりました。風呂で脱いだ服を包んだり、風呂から出るときに床に敷いたりしたことから、そう呼ばれるようになりました。その後、風呂以外でも、旅の荷物やお店の商品を運ぶのに使われるようになりました。風呂敷は、包むものの大きさによって、いろいろな大きさがあります。包み方を変えれば、長いものや丸いものなど、いろいろな形のものも上手に包んで運ぶことができます。

最近では環境破壊が問題になっていますが、風呂敷は何度もくり返し使えるため、エコバックとして見直されています。物を包むだけではなく、物の下に敷いたり、壁にかけたりすれば、インテリアとしても活用することができるのです。

34 風呂敷とは、どんなものだと言っているか。

1　お風呂で体を洗うときに使う布

2　お風呂のあとで体をふくときに使う布

3　家の出入口などの床に敷く布

4　物を包んで運んだりしまったりする布

35 風呂敷という名前になったのは、どうしてだと言っているか。

1　昔は風呂屋だけで売られていたから。

2　昔は風呂屋の入り口にかけられていたから。

3　昔は風呂から出るときに床に敷いたりしたから。

4　昔は風呂に入らずに布で体をふいていたから。

36 風呂敷について、合っているものはどれか。

1　日本の風呂敷は、いろいろな形のものがある。

2　日本の風呂敷は、多くの国で使われている。

3　日本の風呂敷は、ある時代にだけ使われていた。

4　日本の風呂敷は、いろいろな形のものを包むことができる。

37 ④風呂敷の使い方として、言っていないのはどれか。

1　人にプレゼントをあげるときに使う。

2　引っ越しで重いものを移動するときに使う。

3　ビニール袋の代わりとして物を運ぶときに使う。

4　部屋のインテリアとしてかざって使う。

問題7　右のページは、市民講座の案内である。これを読んで、下の質問に答えなさい。答えは、1・2・3・4から最も よいものを一つえらびなさい。

38 この講座について、合っているものはどれか。

1　子どもと一緒に環境(かんきょう)について学ぶ。

2　市内のいろいろな場所で講座を受ける。

3　市民だけが参加できる。

4　希望者は電話で申し込む。

39 田中さんは、水力発電や風力発電を生活に活用したいと考えている。そのために、いつの講座を受けるといいか。

1　7月20日

2　8月3日

3　8月24日

4　9月21日

環境学習リーダーになろう！

受講料無料　定員20名

★環境や自然に興味があり、何か活動を始めたい！
★自然のすばらしさを子どもたちに伝えたい！
★環境分野で社会のために何かしたい！

講座を修了すると、「市の環境学習指導者」に登録できます。登録者には市が、環境教室の講師やアシスタントをお願いします。

日程・場所			講座名		内容
1	7/20 土	市役所 （中区）	10:30 ≀ 12:00	オリエンテーション	講座の説明と参加者の自己紹介
			13:00 ≀ 14:30	環境問題とは	環境問題と市内の現状について学び、どんな対策が必要か考えます。
2	8/3 土	緑化センター （東区）	10:00 ≀ 12:00	自然観察の体験	環境学習のときの、自然観察の方法を森林公園で学びます。
			13:00 ≀ 14:30	リスク管理	外での楽しく活動するための、安全管理を学びます。
3	8/24 土	ソーラー館 （西区）	10:00 ≀ 12:00	地球温暖化について	地球温暖化のしくみや現状を知り、市の取り組みを学びます。
			13:00 ≀ 14:30	自然エネルギー	地球にやさしい省エネをしながら、気持ちよく生活する方法を学びます。
4	9/21 土	清掃工場 （北区）	10:30 ≀ 12:00	清掃工場の見学	市内で出るごみの現状を学びます。
			13:00 ≀ 14:30	ごみ減量対策	ごみの減らし方と市内での取り組みについて学びます。
5	10/5 土	市役所 （中区）	10:00 ≀ 12:00	成果発表の準備	講座の成果発表の準備をします。
			13:00 ≀ 15:00	成果発表	学んだことをプレゼンテーション形式で発表します。

【応募資格】市内に在住または通勤、通学する18才以上の方で、環境教育や環境保護活動を実践する意欲のある方。
【申込方法】申込用紙に必要事項を記入して、7/6（土）までに市役所環境課へ提出してください（直接・Fax・Eメール）。

필승합격 모의고사　제1회　　　　問題用紙

N3

聴解(ちょうかい)

(40分)

注　　意
Notes

1. 試験が始まるまで、この問題用紙を開けないでください。
   Do not open this question booklet until the test begins.

2. この問題用紙を持って帰ることはできません。
   Do not take this question booklet with you after the test.

3. 受験番号(じゅけんばんごう)と名前を下の欄(らん)に、受験票(じゅけんひょう)と同じように書いてください。
   Write your examinee registration number and name clearly in each box below as written on your test voucher.

4. この問題用紙は、全部(ぜんぶ)で13ページあります。
   This question booklet has 13 pages.

5. この問題用紙にメモをとってもいいです。
   You may make notes in this question booklet.

受験番号(じゅけんばんごう)　Examinee Registration Number	

名前　Name	

問題1 N3_1_02

問題1では、まず質問を聞いてください。それから話を聞いて、問題用紙の1から4の中から、最もよいものを一つえらんでください。

れい N3_1_03

1 ケーキ
2 おかし
3 ざっし
4 マンガ

1ばん N3_1_04

1

2

3

4

2ばん N3_1_05

1　今(いま)あるバッグをともだちにあげる
2　ねだんをかくにんする
3　週末(しゅうまつ)まで待(ま)つ
4　セールになるのを待(ま)つ

3ばん N3_1_06

1　バレエのこうえんのチケットをよやくする
2　しんかんせんのせきをよやくする
3　バレエのこうえん情報をしらべる
4　バレエについて勉強する

4ばん N3_1_07

1　Wi-fiのIDをさがす
2　Wi-fiのパスワードを入力する
3　飲み物をちゅうもんする
4　レシートをさがす

5ばん N3_1_08

1 今かりている本をかえす
2 次にかりたい本のよやくをする
3 図書館のりようしゃカードをわたす
4 コンピューターできろくをかくにんする

6ばん N3_1_09

1 6000円
2 6000円と靴
3 8000円と靴
4 8000円と靴とラケット

問題2 N3_1_10

問題2では、まず質問を聞いてください。そのあと、問題用紙を見てください。読む時間があります。それから話を聞いて、問題用紙の1から4の中から、最もよいものを一つえらんでください。

れい N3_1_11

1　日本語を教える仕事
2　日本ぶんかをしょうかいする仕事
3　つうやくの仕事
4　ふくをデザインする仕事

1ばん N3_1_12

1 部屋のしつどを33度にせっていすること
2 部屋のおんどを33度にせっていすること
3 できるだけたいようの光に当たるようにすること
4 できるだけ長い時間運動するようにすること

2ばん N3_1_13

1 ずっと同じ会社ではたらく人
2 アルバイトで生活している人
3 自分で仕事をもらってくる人
4 好きな時間に好きな仕事をする人

3ばん N3_1_14

1　電車に乗るときのマナーについて勉強すること
2　見学の前に見学する場所の勉強をすること
3　見学するとき話をしずかに聞くこと
4　見学したときにわからないことを聞くこと

4ばん N3_1_15

1　たくさん勉強すること
2　けいかくてきにお金を使うこと
3　人のしんようをえる練習をすること
4　１日１回家族のてつだいをすること

5ばん N3_1_16

1 病気(びょうき)のおとしよりがじたくで生活(せいかつ)できるようにちょうせいする
2 病気(びょうき)のおとしよりが病院(びょういん)で楽(たの)しく生活(せいかつ)できるようにちょうせいする
3 病気(びょうき)のおとしよりを病院(びょういん)に連(つ)れていく
4 病気(びょうき)のおとしよりの家(いえ)に薬(くすり)を運(はこ)ぶ

6ばん N3_1_17

1 てんじひんのしゅるいが多(おお)いはくぶつかん
2 てんじひんのせつめいがくわしいはくぶつかん
3 おきゃくさまへのたいおうマニュアルがあるはくぶつかん
4 まじめにはたらくスタッフがいるはくぶつかん

問題3 N3_1_18

問題3では、問題用紙に何もいんさつされていません。この問題は、ぜんたいとしてどんなないようかを聞く問題です。話の前に質問はありません。まず話を聞いてください。それから、質問とせんたくしを聞いて、1から4の中から、最もよいものを一つえらんでください。

れい N3_1_19

1ばん N3_1_20

2ばん N3_1_21

3ばん N3_1_22

－メモ－

問題4 N3_1_23

問題4では、えを見ながら質問を聞いてください。やじるし（→）の人は何と言いますか。1から3の中から、最もよいものを一つえらんでください。

れい N3_1_24

1ばん N3_1_25

2ばん N3_1_26

제 1 회

청해

3ばん N3_1_27

4ばん N3_1_28

問題(もんだい)5 N3_1_29

問題(もんだい)5では、問題用紙(もんだいようし)に何(なに)もいんさつされていません。まず文(ぶん)を聞(き)いてください。それから、そのへんじを聞(き)いて、1から3の中(なか)から、最(もっと)もよいものを一(ひと)つえらんでください。

れい N3_1_30

1ばん N3_1_31

2ばん N3_1_32

3ばん N3_1_33

4ばん N3_1_34

5ばん N3_1_35

6ばん N3_1_36

7ばん N3_1_37

8ばん N3_1_38

9ばん N3_1_39

필승합격 모의고사 해답용지

N3 げんごちしき（もじ・ごい）

第1回

じゅけんばんごう Examinee Registration Number		なまえ Name	

〈ちゅうい　Notes〉

1. くろいえんぴつ（NB、No.2）でかいてください。
   Use a black medium soft (HB or No.2) pencil.
   （ペンやボールペンではかかないでください。）
   (Do not use any kind of pen.)
2. かきなおすときは、けしゴムできれいにけしてください。
   Erase any unintended marks completely.
3. きたなくしたり、おったりしないでください。
   Do not soil or bend this sheet.
4. マークれい Marking Examples

よいれい Correct Example	わるいれい Incorrect Examples
●	⊗ ✓ ○ ◎ ⊜ ⦶ ●

問題1				
1	①	②	③	④
2	①	②	③	④
3	①	②	③	④
4	①	②	③	④
5	①	②	③	④
6	①	②	③	④
7	①	②	③	④
8	①	②	③	④
問題2				
9	①	②	③	④
10	①	②	③	④
11	①	②	③	④
12	①	②	③	④
13	①	②	③	④
14	①	②	③	④

問題3				
15	①	②	③	④
16	①	②	③	④
17	①	②	③	④
18	①	②	③	④
19	①	②	③	④
20	①	②	③	④
21	①	②	③	④
22	①	②	③	④
23	①	②	③	④
24	①	②	③	④
25	①	②	③	④
問題4				
26	①	②	③	④
27	①	②	③	④
28	①	②	③	④
29	①	②	③	④
30	①	②	③	④

問題5				
31	①	②	③	④
32	①	②	③	④
33	①	②	③	④
34	①	②	③	④
35	①	②	③	④

필승합격 모의고사 해답용지

N3 げんごちしき(ぶんぽう)・どっかい

第1回

じゅけんばんごう Examinee Registration Number		なまえ Name	

〈ちゅうい　Notes〉

1. くろいえんぴつ（NB、No.2）でかいてください。
   Use a black medium soft (HB or No.2) pencil.
   （ペンやボールペンではかかないでください。）
   (Do not use any kind of pen.)
2. かきなおすときは、けしゴムできれいにけしてください。
   Erase any unintended marks completely.
3. きたなくしたり、おったりしないでください。
   Do not soil or bend this sheet.
4. マークれい Marking Examples

よいれい Correct Example	わるいれい Incorrect Examples
●	⊗ ✓ ○ ◎ ⊜ ◐ ●

問題1				
1	①	②	③	④
2	①	②	③	④
3	①	②	③	④
4	①	②	③	④
5	①	②	③	④
6	①	②	③	④
7	①	②	③	④
8	①	②	③	④
9	①	②	③	④
10	①	②	③	④
11	①	②	③	④
12	①	②	③	④
13	①	②	③	④
問題2				
14	①	②	③	④
15	①	②	③	④
16	①	②	③	④
17	①	②	③	④
18	①	②	③	④

問題3				
19	①	②	③	④
20	①	②	③	④
21	①	②	③	④
22	①	②	③	④
23	①	②	③	④
問題4				
24	①	②	③	④
25	①	②	③	④
26	①	②	③	④
27	①	②	③	④
問題5				
28	①	②	③	④
29	①	②	③	④
30	①	②	③	④
31	①	②	③	④
32	①	②	③	④
33	①	②	③	④

問題6				
34	①	②	③	④
35	①	②	③	④
36	①	②	③	④
37	①	②	③	④
問題7				
38	①	②	③	④
39	①	②	③	④

필승합격 모의고사 해답용지

N3 ちょうかい

第1回

じゅけんばんごう Examinee Registration Number		なまえ Name	

〈ちゅうい Notes〉

1. くろいえんぴつ（NB、No.2）でかいてください。
   Use a black medium soft (HB or No.2) pencil.
   （ペンやボールペンではかかないでください。）
   (Do not use any kind of pen.)
2. かきなおすときは、けしゴムできれいにけしてください。
   Erase any unintended marks completely.
3. きたなくしたり、おったりしないでください。
   Do not soil or bend this sheet.
4. マークれい Marking Examples

よいれい Correct Example	わるいれい Incorrect Examples
●	⊗ ✓ ○ ◎ ⊜ ⦶ ●

問題1				
れい	①	②	③	●
1	①	②	③	④
2	①	②	③	④
3	①	②	③	④
4	①	②	③	④
5	①	②	③	④
6	①	②	③	④

問題2				
れい	①	②	③	●
1	①	②	③	④
2	①	②	③	④
3	①	②	③	④
4	①	②	③	④
5	①	②	③	④
6	①	②	③	④

問題3				
れい	①	②	●	④
1	①	②	③	④
2	①	②	③	④
3	①	②	③	④

問題4			
れい	①	●	③
1	①	②	③
2	①	②	③
3	①	②	③
4	①	②	③

問題5			
れい	①	②	●
1	①	②	③
2	①	②	③
3	①	②	③
4	①	②	③
5	①	②	③
6	①	②	③
7	①	②	③
8	①	②	③
9	①	②	③

필승합격일본어능력시험
N3 모의고사

제2회

음성파일과 채점표

N3
げんごちしき（もじ・ごい）
（30ぷん）

ちゅうい
Notes

1. しけんが　はじまるまで、この　もんだいようしを　あけないで　ください。
   Do not open this question booklet until the test begins.

2. この　もんだいようしを　もって　かえる　ことは　できません。
   Do not take this question booklet with you after the test.

3. じゅけんばんごうと　なまえを　したの　らんに、じゅけんひょうと　おなじように　かいて　ください。
   Write your examinee registration number and name clearly in each box below as written on your test voucher.

4. この　もんだいようしは、ぜんぶで　5ページ　あります。
   This question booklet has 5 pages.

5. もんだいには　かいとうばんごうの 1 、 2 、 3 …が　ついて　います。かいとうは、かいとうようしに　ある　おなじ　ばんごうの　ところに　マークして　ください。
   One of the row numbers 1 , 2 , 3 … is given for each question. Mark your answer in the same row of the answer sheet.

じゅけんばんごう　Examinee Registration Number	
なまえ　Name	

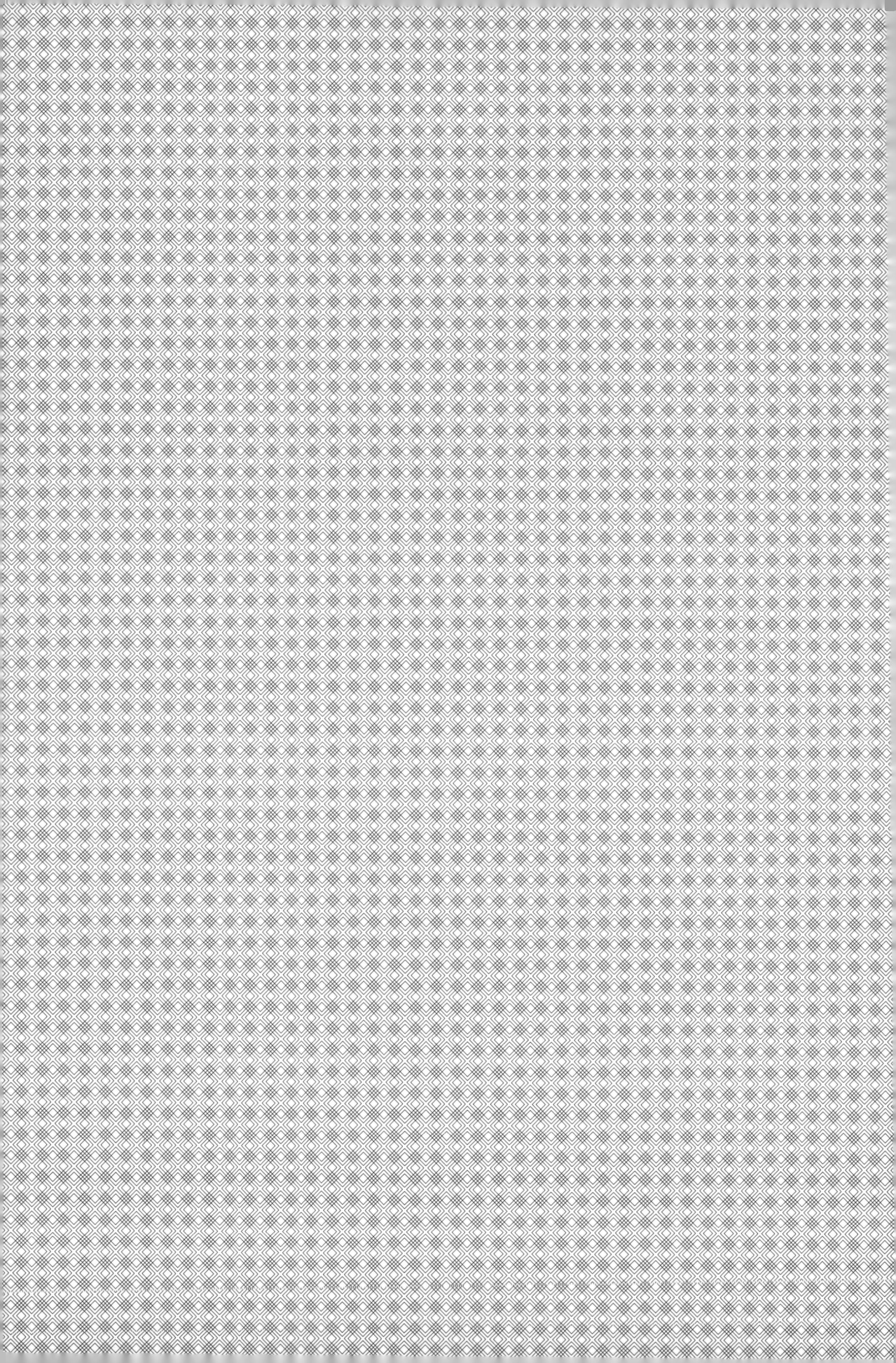

問題1　＿＿＿のことばの読み方として最もよいものを、1・2・3・4から一つえらびなさい。

1 電車を<u>お降り</u>の際は、足元に十分ご注意ください。

1　おのり　　2　おふり　　3　おくだり　　4　おおり

2 忘れ物がないか、<u>確認</u>してください。

1　かくてい　　2　かくしょう　　3　かくげん　　4　かくにん

3 昨日から<u>頭痛</u>がひどくて、今日も学校を休んだ。

1　とうつう　　2　ふくつう　　3　がんつう　　4　ずつう

4 いちばん大切なのは<u>命</u>です。

1　とみ　　2　いのち　　3　ゆめ　　4　あい

5 <u>台風</u>のため、午後のフライトはキャンセルとなります。

1　だいふう　　2　だいかぜ　　3　たいふう　　4　たいかぜ

6 英語の試験をうけて、自分の<u>実力</u>をためしてみたい。

1　みぢから　　2　みりょく　　3　じつぢから　　4　じつりょく

7 危ないので、道路を<u>横断</u>しないでください。

1　おうだん　　2　こうだん　　3　よこだん　　4　きだん

8 問題があったら、かならず<u>報告</u>してください。

1　ほうごく　　2　ぼうこく　　3　ほうこく　　4　ほごく

問題2 ＿＿＿のことばを漢字で書くとき、最もよいものを、1・2・3・4から一つえらびなさい。

9 去年（きょねん）、このホテルにとまった。

1　住まった　　2　宿まった　　3　留まった　　4　泊まった

10 今までより、授業（じゅぎょう）にせっきょくてきに参加する学生が増えた。

1　説極的　　2　績極的　　3　積極的　　4　接極的

11 その本を読んで、とてもかんどうした。

1　感情　　2　感心　　3　感動　　4　感想

12 このあたりに病院はありますか。

1　当たり　　2　辺り　　3　周り　　4　回り

13 今日の授業（じゅぎょう）のふくしゅうをしてください。

1　復習　　2　複習　　3　復修　　4　複修

14 とくいな料理はハンバーグです。

1　特意　　2　特以　　3　得意　　4　得以

問題3 （　　　）に入れるのに最もよいものを、1・2・3・4から一つえらびなさい。

15 友達と背の高さを（　　　）。
1　並べました　　2　負けました　　3　見つけました　　4　比べました

16 毎日天気（　　　）を見てから会社に行きます。
1　予測　　2　予報　　3　予防　　4　予見

17 この料理はおいしいが（　　　）がかかる。
1　手間　　2　勝手　　3　時刻　　4　世話

18 小学校のときの先生を（　　　）しています。
1　尊大　　2　尊敬　　3　敬称　　4　敬語

19 バスの（　　　）は市内ならどこでも同じです。
1　料金　　2　有料　　3　通貨　　4　入金

20 鼻が（　　　）息苦しいので、よく眠れない。
1　ふるえて　　2　つまって　　3　しびれて　　4　こって

21 父は会社を（　　　）している。
1　方針　　2　経営　　3　事業　　4　作業

22 駅に近いアパートは（　　　）が高い。
1　給料　　2　賃貸　　3　家賃　　4　家事

23 今年の3月に高校を（　　　）した。
1　留学　　2　卒業　　3　入学　　4　学業

24 いっしょうけんめい勉強していたら、（　　　）夜中になっていた。
1　どこまでも　　2　いつまで　　3　いつのまにか　　4　どこか

25 自転車に乗るときは、交通（　　　）を守りましょう。
1　サンプル　　2　ルール　　3　サイン　　4　ヒント

問題4　＿＿＿に意味が最も近いものを、1・2・3・4から一つえらびなさい。

26 とても陽気（ようき）な人と友達（ともだち）になった。

1　まじめな　　2　明るい　　3　内気な　　4　静かな

27 運転をするとき、速度（そくど）に注意してください。

1　エンジン　　2　ガソリン　　3　スピード　　4　カーブ

28 テスト終了（しゅうりょう）まで、あと約（やく）10分です。

1　ちょうど　　2　まだ　　3　だいたい　　4　ちょっと

29 絶対（ぜったい）、あの人に言っておいてね。

1　すぐに　　2　今度　　3　必（かなら）ず　　4　いっか

30 彼女（かのじょ）がいきなり泣（な）き出したのでおどろいた。

1　はげしく　　2　とうとう　　3　ゆっくり　　4　とつぜん

問題5　つぎのことばの使い方として最もよいものを、1・2・3・4から一つえらびなさい。

31 判断

1　イベントを中止するかどうかは、学校が判断します。

2　医者の判断は風邪だった。

3　仕事をやめるという彼の大きな判断を応援したい。

4　彼はいつもテストの判断がいい。

32 ぐっすり

1　友達との約束をぐっすり忘れてしまった。

2　まくらを新しくしたら、朝までぐっすり眠れた。

3　かばんの中に本をぐっすり入れて学校へ行った。

4　今日は朝からいそがしくて、ぐっすり休めなかった。

33 あきらめる

1　先週、働いていた会社をあきらめた。

2　彼には彼女がいたので、彼の恋人になるのはあきらめた。

3　暑い日が続いたので、水道があきらめてしまった。

4　体重をあきらめるために、毎日走っています。

34 引退

1　先月、学校の近くに引退してきました。

2　オリンピックの後、その選手は引退した。

3　子どもが熱を出したので、引退してもいいですか。

4　大学を引退したら、国に帰る予定です。

35 栄養

1　この社会は需要と栄養のバランスが取れている。

2　大統領の発言は栄養力がある。

3　栄養をしっかりとって、早く元気になってね。

4　この料理の栄養はえびとたまごだ。

N3

言語知識（文法）・読解

（70分）

注　意
Notes

1. 試験が始まるまで、この問題用紙を開けないでください。
Do not open this question booklet until the test begins.

2. この問題用紙を持って帰ることはできません。
Do not take this question booklet with you after the test.

3. 受験番号と名前を下の欄に、受験票と同じように書いてください。
Write your examinee registration number and name clearly in each box below as written on your test voucher.

4. この問題用紙は、全部で17ページあります。
This question booklet has 17 pages.

5. 問題には解答番号の 1 、 2 、 3 …が付いています。
解答は、解答用紙にある同じ番号のところにマークしてください。
One of the row numbers 1 , 2 , 3 … is given for each question. Mark your answer in the same row of the answer sheet.

受験番号　Examinee Registration Number	

名前　Name	

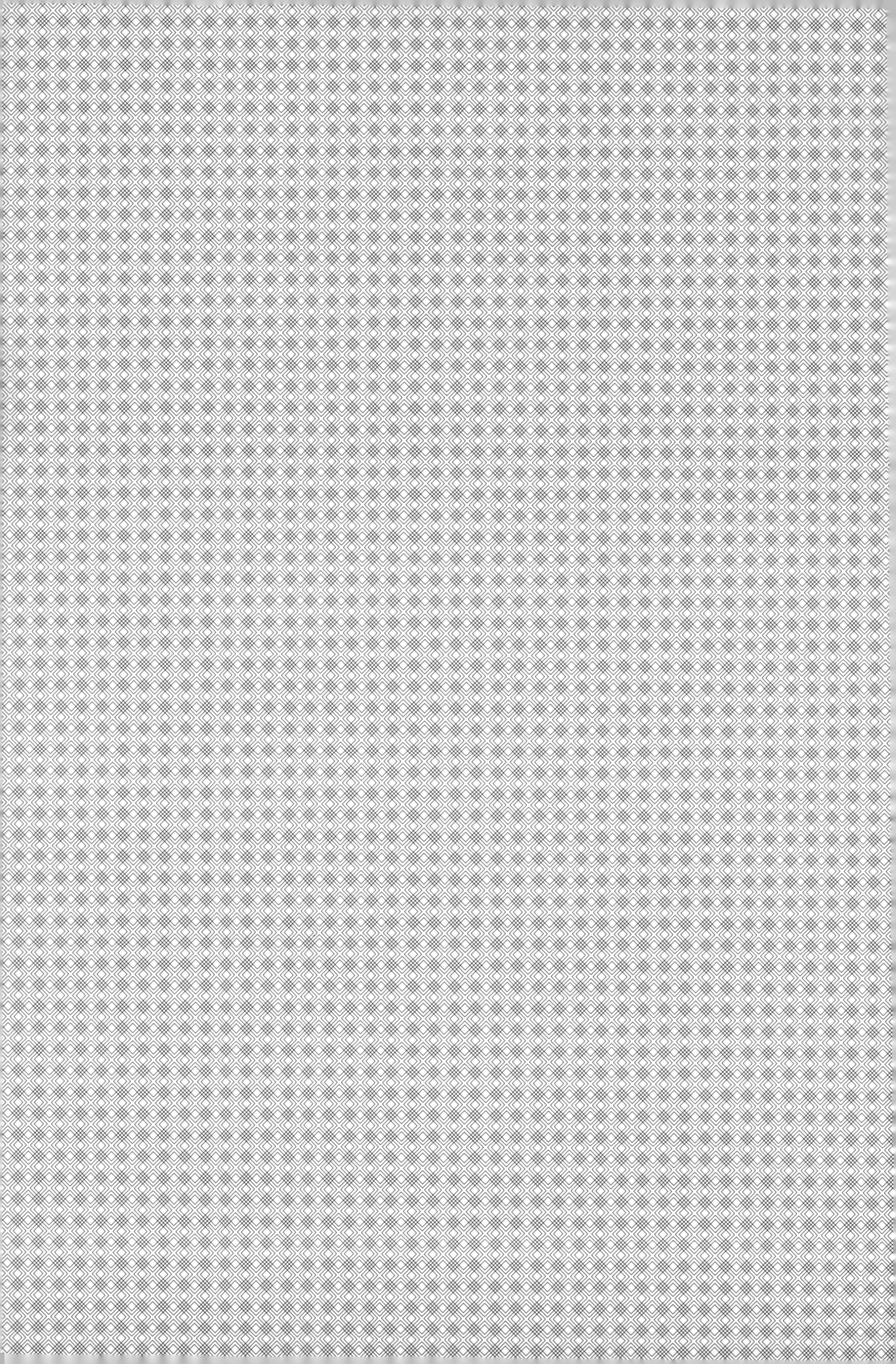

問題1　つぎの文の（　　　）に入れるのに最もよいものを、1・2・3・4から一つえらびなさい。

1 日本の山（　　　）富士山（ふじさん）ですね。

1　とか　　2　という　　3　によって　　4　といえば

2 祖母（そぼ）は年の（　　　）は、考え方が新しい。

1　わりに　　2　むけに　　3　たびに　　4　くせに

3 使い方を間違（まちが）えると、ケガをする（　　　）。

1　かねない　　2　ところではない

3　ほどだ　　4　おそれがある

4 万が一、海外でパスポートを（　　　）、大使館（たいしかん）に連絡（れんらく）してください。

1　なくしたら　　2　なくしたので

3　なくすと　　4　なくせば

5 講演会（こうえんかい）に出席（しゅっせき）される方は、3時までにこちらに（　　　）。

1　いらっしゃってください　　2　お待ちしています

3　お通りください　　4　うかがいます

6 彼（かれ）（　　　）彼（かれ）なりのやり方があるはずだ。

1　として　　2　から　　3　だから　　4　には

7 あの人は自分の役（やく）に立つことにしかお金を（　　　）。

1　使いたい　　2　使いたがらない

3　使われる　　4　使うかもしれない

8 あの子は、いくら言ってもまったく勉強（　　　）としない。

1　しよう　　2　しろ　　3　する　　4　した

9 給料（きゅうりょう）に不満（ふまん）がある（　　　）ではない。しかし、忙（いそが）しすぎる。

1　ほか　　2　わけ　　3　ところ　　4　など

10 この試験は学校を（　　　）申し込んでください。

1　通じて　　2　入れて　　3　通って　　4　出して

11 駅まで迎えに行きますから、タクシーに（　　　）ですよ。

1　乗ることはない　　2　乗るということ

3　乗るもの　　4　乗るべき

12 体が大きい人がたくさん（　　　）。

1　食べそうもない　　2　食べるわけにはいかない

3　食べるとは限らない　　4　食べたくてたまらない

13 小さいときは父とよく魚つりに行った（　　　）ですが、最近はほとんど行きません。

1　まま　　2　こと　　3　とおり　　4　もの

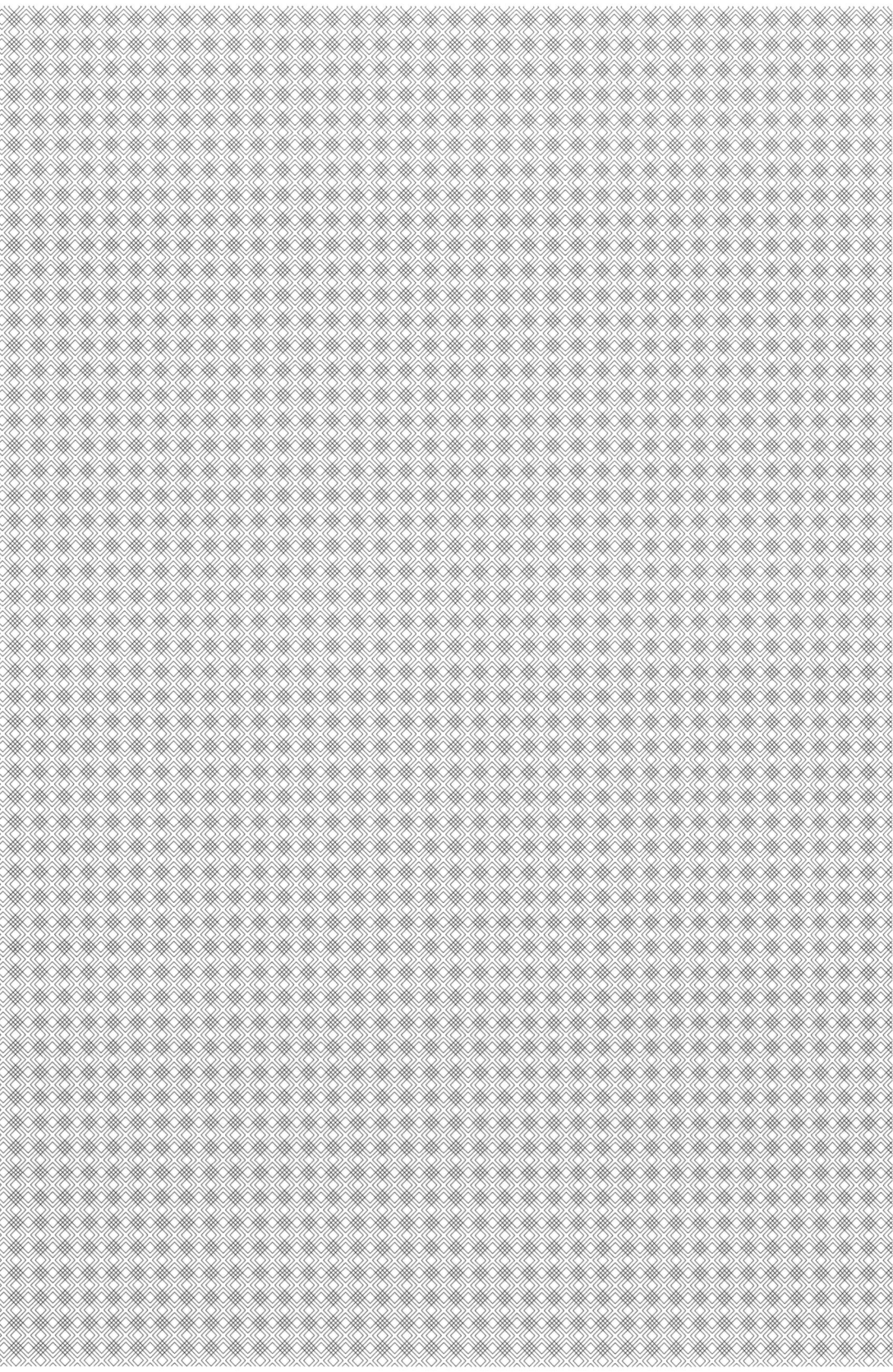

問題2　つぎの文の ＿★＿ に入る最もよいものを、1・2・3・4から一つえらびなさい。

（問題例）

木の ＿＿＿ ＿＿＿ ＿★＿ ＿＿＿ います。

1 が　2 に　3上　4ねこ

（解答のしかた）

1. 正しい答えはこうなります。

木の ＿＿＿ ＿＿＿ ＿★＿ ＿＿＿ います。 3 上　2 に　4 ねこ　1 が

2. ＿★＿ に入る番号を解答用紙にマークします。

（解答用紙）

（例）	①　②　③　●

---

14 彼とは ＿＿＿ ＿＿＿ ＿★＿ ＿＿＿ ほど会っていない。

1　去年　　2　きり　　3　1年　　4　会った

15 電話を ＿＿＿ ＿＿＿ ＿★＿ ＿＿＿ 予約ができていなかった。

1　にも　　2　おいた　　3　して　　4　かかわらず

16 彼が ＿＿＿ ＿＿＿ ＿★＿ ＿＿＿ がない。

1　はず　　2　時間に　　3　約束の　　4　遅れる

17 今日までに ＿＿＿ ＿＿＿ ＿★＿ ＿＿＿ が、結果はわからない。

1　した　　2　できる　　3　つもりだ　　4　ことは

18 この辺は自然が多くて健康的に暮らせそうだが、交通の便が悪いから、＿＿＿ ＿＿＿ ＿★＿ ＿＿＿ のは難しそうだ。

1 生活する　　2 できない　　3 私には　　4 車の運転が

問題3　つぎの文章を読んで、文章全体の内容を考えて、[19]から[23]の中に入る最もよいものを、1・2・3・4から一つえらびなさい。

下の文章は、留学生が書いた作文です。

日本人と大豆

レリオ

日本人の食生活の中で、とても重要な食品のひとつに大豆がある。日本料理に必要な調味料のみそやしょうゆ、みそ汁の具としてもよく使われる豆腐や油揚げは、すべて大豆から作られている。また、独特の香りがある納豆は、健康によいと多くの人に[19]。大豆にはたんぱく質やカルシウムなど多くの栄養がある。[20]、豆腐にすることで消化がよくなる。最近の日本食ブームもあり、とくに豆腐は世界中のいろいろな国で「TOFU」として[21]。

しかし、日本人が食べる大豆の量は減ってきているといわれている。主な原因はここ数年の食生活の変化で、中でも若い人たちが大豆を食べる機会が減っているということだ。最近は、豆腐ドーナツや大豆クッキーなど新しい商品も多く発売されている。[22]をうまく取り入れ、ぜひ多くの人に大豆を[23]。

19

1　愛されている　　　2　愛しそうだ

3　愛するばかりだ　　4　愛することとおもう

20

1　なぜなら　　2　けれども　　3　そのうえ　　4　または

21

1　知られなくてもよい　　2　知られるようになった

3　知ることができる　　　4　知られるわけがない

22

1　このようなもの　　2　そのまま

3　どのようなもの　　4　あのまま

23

1　食べてあげたいそうだ　　2　食べてみたいのだ

3　食べさせてもらおう　　　4　食べてほしいものだ

제2회

독해

問題4　つぎの(1)から(4)の文章を読んで、質問に答えなさい。答えは、1・2・3・4から最もよいものを一つえらびなさい。

(1)

ボランティアと聞くと、大変そうなので自分にはできないと思うかもしれません。でも、自分の好きなことや、できることから始めればいいのです。仕事や年齢も関係ありません。例えば、ある小学校の6年生は「ふれあいクラブ」として毎月、お年寄りの施設に行っていっしょにゲームをしたり、歌を歌ったりしています。自分たちでゲームを計画することもあります。先生もアドバイスをくれますが、お年寄りのことを考えながら、自分が好きなこと、自分ができることを形にするのです。

24　この文章で言っていることと合っているのはどれか。

1　ボランティア活動はとても大変なものだ。

2　ボランティア活動は毎月一回やるものだ。

3　ボランティア活動は経験者に手伝ってもらうといい。

4　ボランティア活動はできることをやるといい。

(2)

これは自分の国に帰った学生が、日本の先生に送った手紙である。

星野(ほしの)先生

お元気ですか。私がこちらに帰ってきて、もう1か月が経ちました。家族や友人に1年ぶりに会って、楽しく過ごしています。

日本では、先生にとてもお世話になりました。日本語はもちろん、日本の伝統(でんとう)文化についても詳(くわ)しく教えていただき、ありがとうございました。

これからは私が、日本について多くの人に伝えられるようになりたいです。そのために通訳(つうやく)になろうと思っています。日本語の勉強を続け、通訳(つうやく)の試験を受けるつもりです。そして通訳(つうやく)として日本に行ったときには、こちらのおいしいワインを持って先生のお家にうかがいます。

5月31日　ピーター　ハンクス

25 ピーターさんがこれからまずすることは何か。

1　おいしいワインを買って、先生の家に行く。

2　日本での出来事をたくさんの人と話す。

3　通訳(つうやく)になる試験のために勉強する。

4　日本に行って通訳(つうやく)の仕事を探す。

(3)

これは相川（あいかわ）課長と部下の坂田（さかた）さんとのやりとりである。

相川　9：12

おはようございます。いま富士見駅に向かう電車の中にいるんですけど、事故の影響で電車が止まってしまいました。動き出すまであと30分くらいかかりそうです。

坂田　9：13

おはようございます。たいへんですね！

相川　9：15

クリエイト社への訪問の前に、喫茶店で打ち合わせをする約束でしたよね。でもその時間はなさそうです。すみません。

坂田　9：16

いえいえ。昨日、資料についてご意見いただいて修正したので、大丈夫だと思います。

相川　9：17

喫茶店ではなく、直接クリエイト社の前で待ち合わせしましょう。

坂田　9：17

はい。

相川　9：18

訪問にも遅れそうだったらまた連絡します。

坂田　9：19

かしこまりました。お気をつけて。

26 相川（あいかわ）課長が伝えたいことはどれか。

1　電車の事故のため、クリエイト社への訪問に遅れること

2　クリエイト社に持っていく資料に修正が必要なこと

3　待ち合わせ場所を変更すること

4　坂田（さかた）さんとの打ち合わせのためにもう一度連絡すること

(4)

色を見分ける力を色覚（しきかく）と言いますが、色覚（しきかく）は20代をピークにゆっくりと弱くなっていきます。その原因は3つあります。目の中のレンズ部分がにごってきれいに見えにくくなること、光を取り入れる部分が小さくなって光が入りにくくなること、そして、脳（のう）に情報を送る視神経が弱くなることです。暗い部屋で靴下の色を間違えたり、階段を下りているとき、最後の一段で転びそうになったりする人は、色覚（しきかく）が弱くなっている可能性があります。

27 この文章（ぶんしょう）で言っていることと合っているのはどれか。

1 色を見分ける力は、10代がいちばん強い。

2 暗い部屋の中でも色を見分けられるように、練習したほうがいい。

3 目に光があまり入らないと、色を見分けにくくなる。

4 色覚（しきかく）が弱いと、階段を上りにくくなる。

問題5　つぎの(1)と(2)の文章を読んで、質問に答えなさい。答えは、1・2・3・4から最もよいものを一つえらびなさい。

(1)

食品には、おいしく安全に食べられる、賞味期限があります。お店で売れないまま賞味期限が切れてしまうと、お店は捨てなければなりません。しかし、賞味期限が切れていないのに捨てられる食品もあることが、最近問題になっています。

それは、食品メーカーからお店に食品を運ぶ、問屋の仕事が関係しています。問屋がお店に食品を届けることを納品といい、食品が作られた日から賞味期限までの3分の1の日までに納品するというルールがあります。例えば、賞味期限が3か月のお菓子があって、作られたのが9月1日の場合、賞味期限は11月末ですが、お店に納品する期限は3か月の3分の1、1か月の間に、つまり9月中にお店に届けなければならないことになります。この納品期限を過ぎるとお店で受け取ってもらえず、まだ賞味期限まで2か月もあるにもかかわらず、捨てられてしまうのです。

28 最近、どんなことが問題になっていると言っているか。

1　賞味期限の切れた食品が捨てられること
2　賞味期限の切れていない食品が捨てられること
3　賞味期限までに食品がお店に届けられること
4　賞味期限のあとに食品がお店に届けられること

29 問屋の仕事は何だと言っているか。

1　工場で食品の賞味期限をチェックする。
2　お店で食品の賞味期限を決める。
3　賞味期限が切れた食品を捨てる。
4　食品メーカーからお店に食品を運ぶ。

30 2019年1月に作られた、賞味期限が3年間の缶づめの、納品期限はいつか。

1　2019年末
2　2020年末
3　2021年末
4　2022年末

(2)

国際ボランティア団体ピースでは、「場所、本、子どもたち」をキーワードに、アジアの各地で活動しています。具体的には、学校や図書館を作って、勉強したり本を読んだりできる場所を作ります。また、字が読めない子どもたちのために絵本を作ったり、本を読んであげたりする活動もしています。代表の鈴木幸子(すずきさちこ)さんは、「教育は子どもたちの人生を変えることができます」と言います。

活動のためには、継続的な支援が必要です。ピースでは今、サポーターを募集しています。毎月1000円、一日あたり33円の寄付で、1年間に84冊の絵本を子供たちに届けることができます。寄付はいつでも止められます。ニュースレターと活動報告書も受け取れますので、活動の様子を知ることができます。また、毎年、子どもたちが書いたメッセージカードも届きます。詳しくは同団体のサイトをごらんください。

31 この国際ボランティアの活動はどれか。

1 本を読む場所を作る。

2 字を勉強するための本を作る。

3 本を現地の言葉に訳す。

4 本を子どもたちにプレゼントする。

32 この活動に必要なものは何だと言っているか。

1 活動を続ける場所

2 活動を続けるお金

3 活動を続ける現地の人

4 活動を続ける時間

33 サポーターができることは何だと言っているか。

1 活動報告書を受け取ること

2 ニュースレターを書くこと

3 活動の内容を決めること

4 現地の子どもたちに手紙を書くこと

問題6　つぎの文章（ぶんしょう）を読んで、質問に答えなさい。答えは、1・2・3・4から最もよいものを一つえらびなさい。

カップラーメンを食べたことがありますか。温かいお湯を入れて3分待つだけで、おいしいラーメンが食べられます。では、どうして3分間なのか知っていますか。

実は、1分でできあがるカップラーメンもあるのです。でも、早ければいいというわけではないようです。1分でやわらかくなるラーメンは、すぐ食べられるのはいいのですが、そのあともどんどんやわらかくなってしまうので、食べている間にやわらかくなりすぎて、おいしくなくなってしまうのです。それに、お湯を入れてからたった1分だけではまだお湯が熱すぎます。3分経ってからふたを開けて数回混ぜると、70度ぐらいまで下がります。熱い食べ物をおいしいと思える温度は62度から70度です。3分という時間は、この温度までしっかり計算した待ち時間だったのです。

また、これもあまり知られていませんが、お湯を入れる前のカップラーメンは、ラーメンの下とカップの底との間に空間があり、ラーメンが下につかないようになっているのです。これは、工場からお店に運ばれるときにめんが割れたりしないようにするためです。また、お湯を入れたときに、下にもお湯が回って、ラーメン全体を同じやわらかさにできるのです。

34　カップラーメンは3分待つものが多いのは、どうしてだと言っているか。

1　3分が測りやすい時間だから

2　3分で食器の準備ができるから

3　3分でちょうどいい温かさになるから

4　人は3分より長く待てないから

35　1分でできあがるカップラーメンについて、文章（ぶんしょう）の内容に合っているものはどれか。

1　ラーメンの一本一本が、細く作られている。

2　ラーメンがやわらかくなりすぎて、おいしくない。

3　混ぜなくてもすぐ食べられるように作られている。

4　熱いお湯を入れてもすぐ冷めるように作られている。

36 カップの中の下のつくられた空間は、何のためにあると言っているか。

1　ラーメンの熱さをとるため

2　ラーメンの量を多く見せるため

3　ラーメンの重さを軽くするため

4　ラーメンの固さを全体で同じにするため

37 この文章(ぶんしょう)の内容に合っているものはどれか。

1　カップラーメンには、おいしく食べるための工夫がたくさんある。

2　カップラーメンの歴史は、知られているよりも長い。

3　カップラーメンを作る技術は、秘密にされている。

4　カップラーメンの食べ方には、知られていないルールがある。

問題7　右のページは、イベントの案内である。これを読んで、下の質問に答えなさい。答えは、1・2・3・4から最も よいものを一つえらびなさい。

38 ユミさんは週末はアルバイトをしているが、祝日は休みである。物づくりが好きなので、何か自分で作るイベントに参加したい。ユミさんに最も合っているイベントはどれか。

1　てつくず作品展

2　青空フリーマーケット

3　室内楽アカデミー

4　版画(はんが)遊園地

39 マイクさんは、小学生の娘が体操を習っている。マイクさんも体操やダンスを見るのが好きなので、妻と娘と3人でイベントに出かけるためにチケットを買った。いくら払ったか。

1　7800円

2　5000円

3　1000円

4　300円

文化の日　おでかけガイド

造形工房	総合運動公園
【てつくず作品展】 鉄工職人が仕事で出る廃材を利用して、造形作品を作りました。オリジナルキャラクターも初めて公開します。鉄を組み合わせた新しい生物を見てみませんか。 11月2日（土）3日（日）4日（祝） 9：30～17：00 入場無料	【青空フリーマーケット】 運動公園のスタジアムの周りにフリーマーケットが登場！　約100店が出店します。リサイクル品のほか、ハンドメイドグッズも多数あります。 11月2日（土）3日（日） 10：00～14：00（雨天中止） 入場無料
文化会館	**市民ホール**
【国立舞台サーカス】 空中ブランコ、ピエロの曲芸、アクロバットなど、ハラハラドキドキがいっぱいの舞台が楽しめます。入場券先行発売中。 11月2日（土）①12：30　②15：00 一般2800円　中学生以下2200円 チケットセンター　×××－××××	【ママとパパと赤ちゃんのための ゆるやかエクササイズ】 親子で簡単なリズム体操やエクササイズを体験しましょう。家でも楽しく赤ちゃんと過ごす方法を知ることができます。 11月3日（日）10：30～11：30（要電話予約）1家族（3名1組）1000円（当日払い）
音楽ミュージアム	**星の美術館**
【室内楽アカデミー】 国内外から一流の講師陣を招待し、選ばれた受講者がレッスンを受けます。一般の方は、レッスンの様子を見ることができます。 11月2日（土）3日（日）4日（祝） 10：00～12：00 レッスン聴講　一人100円	【版画(はんが)遊園地】 明治から昭和期に活躍した作家の作品100点を解説します。自分で版画(はんが)を作るコーナーもあります。 11月3日（日）4日（祝） 9：00～17：00 一般200円　中学生以下無料

N3

聴解（ちょうかい）

（40分）

注　意

Notes

1. 試験が始まるまで、この問題用紙を開けないでください。
   Do not open this question booklet until the test begins.
2. この問題用紙を持って帰ることはできません。
   Do not take this question booklet with you after the test.
3. 受験番号（じゅけんばんごう）と名前を下の欄（らん）に、受験票（じゅけんひょう）と同じように書いてください。
   Write your examinee registration number and name clearly in each box below as written on your test voucher.
4. この問題用紙は、全部（ぜんぶ）で13ページあります。
   This question booklet has 13 pages.
5. この問題用紙にメモをとってもいいです。
   You may make notes in this question booklet.

受験番号（じゅけんばんごう）　Examinee Registration Number	

名前　Name	

問題1 N3_2_02

問題1では、まず質問を聞いてください。それから話を聞いて、問題用紙の1から4の中から、最もよいものを一つえらんでください。

れい N3_2_03

1 ケーキ
2 おかし
3 ざっし
4 マンガ

1ばん N3_2_04

1　かいぎしつのよやく
2　しりょうのコピー
3　カタログのじゅんび
4　カタログについて部長にかくにんする

2ばん N3_2_05

1　学生用(がくせいよう)かいすうけん
2　地下鉄(ちかてつ)の1か月ていきけん
3　地下鉄(ちかてつ)の6か月ていきけん
4　バスと地下鉄(ちかてつ)のセットていきけん

3ばん N3_2_06

1　ポスターの色をいろいろな色に変える。
2　ポスターの字の大きさをもっと大きくする。
3　ポスターに写真やイラストを入れる。
4　れんらくさきの電話ばんごうに電話してしつもんする。

4ばん N3_2_07

1　来週のけっせきとどけを書く
2　きのうの日づけを書く
3　りゆうの書き方をなおす
4　しゅくだいを終わらせる

5ばん N3_2_08

1

2

3

4

6ばん N3_2_09

1　かみにじぶんのじょうほうを書く
2　マスクをする
3　ベッドにねる
4　ほけんしょうを出す

問題2 N3_2_10

問題2では、まず質問を聞いてください。そのあと、問題用紙を見てください。読む時間があります。それから話を聞いて、問題用紙の1から4の中から、最もよいものを一つえらんでください。

れい N3_2_11

1 日本語を教える仕事
2 日本ぶんかをしょうかいする仕事
3 つうやくの仕事
4 ふくをデザインする仕事

1ばん N3_2_12

1 電車の音を小さくするため
2 電車のゆれを小さくするため
3 電車から出るねつをつめたくするため
4 電車からうける重さを小さくするため

2ばん N3_2_13

1 かのじょがあやまらないから
2 かのじょがりゅうがくしたがっているから
3 かのじょと今日会えないから
4 かのじょと長くケンカ中だから

3ばん N3_2_14

1 いろいろな国に行ったこと
2 きこうのへんかのせいで病気になったこと
3 家族に長い間会えなかったこと
4 1つめの映画のほうがおもしろいこと

4ばん N3_2_15

1 子どもからやめてほしいと言われたこと
2 体に悪いとつまに言われたこと
3 20年以上前に病気をしたこと
4 タバコのねだんが高くなったこと

5ばん N3_2_16

1 大学のがくひのため
2 りゅうがくするため
3 今のせいかつひのため
4 海外旅行に行くため

6ばん N3_2_17

1 てつやしてれんしゅうする
2 ひとりだけに話すようにはっぴょうする
3 用意したかみを見て話す
4 何度もちょうせんする

問題3 N3_2_18

問題3では、問題用紙に何もいんさつされていません。この問題は、ぜんたいとしてどんなないようかを聞く問題です。話の前に質問はありません。まず話を聞いてください。それから、質問とせんたくしを聞いて、1から4の中から、最もよいものを一つえらんでください。

れい N3_2_19

1ばん N3_2_20

2ばん N3_2_21

3ばん N3_2_22

－メモ－

問題4 N3_2_23

問題4では、えを見ながら質問を聞いてください。やじるし（→）の人は何と言いますか。1から3の中から、最もよいものを一つえらんでください。

れい N3_2_24

1ばん N3_2_25

2ばん N3_2_26

3ばん N3_2_27

4ばん N3_2_28

問題5 N3_2_29

問題5では、問題用紙に何もいんさつされていません。まず文を聞いてください。それから、そのへんじを聞いて、1から3の中から、最もよいものを一つえらんでください。

れい N3_2_30

1ばん N3_2_31

2ばん N3_2_32

3ばん N3_2_33

4ばん N3_2_34

5ばん N3_2_35

6ばん N3_2_36

7ばん N3_2_37

8ばん N3_2_38

9ばん N3_2_39

필승합격 모의고사 해답용지

N3 げんごちしき（もじ・ごい）

第2回

じゅけんばんごう Examinee Registration Number		なまえ Name	

〈ちゅうい　Notes〉

1. くろいえんぴつ（NB、No.2）でかいてください。
   Use a black medium soft (HB or No.2) pencil.
   （ペンやボールペンではかかないでください。）
   (Do not use any kind of pen.)
2. かきなおすときは、けしゴムできれいにけしてください。
   Erase any unintended marks completely.
3. きたなくしたり、おったりしないでください。
   Do not soil or bend this sheet.
4. マークれい Marking Examples

よいれい Correct Example	わるいれい Incorrect Examples
●	⊗ ✓ ○ ◎ ⊜ ⦶ ●

問題1	
1	① ② ③ ④
2	① ② ③ ④
3	① ② ③ ④
4	① ② ③ ④
5	① ② ③ ④
6	① ② ③ ④
7	① ② ③ ④
8	① ② ③ ④

問題2	
9	① ② ③ ④
10	① ② ③ ④
11	① ② ③ ④
12	① ② ③ ④
13	① ② ③ ④
14	① ② ③ ④

問題3	
15	① ② ③ ④
16	① ② ③ ④
17	① ② ③ ④
18	① ② ③ ④
19	① ② ③ ④
20	① ② ③ ④
21	① ② ③ ④
22	① ② ③ ④
23	① ② ③ ④
24	① ② ③ ④
25	① ② ③ ④

問題4	
26	① ② ③ ④
27	① ② ③ ④
28	① ② ③ ④
29	① ② ③ ④
30	① ② ③ ④

問題5	
31	① ② ③ ④
32	① ② ③ ④
33	① ② ③ ④
34	① ② ③ ④
35	① ② ③ ④

필승합격 모의고사 해답용지

N3 げんごちしき(ぶんぽう)・どっかい

第2回

じゅけんばんごう Examinee Registration Number		なまえ Name	

〈ちゅうい　Notes〉

1. くろいえんぴつ（NB、No.2）でかいてください。
   Use a black medium soft (HB or No.2) pencil.
   (ペンやボールペンではかかないでください。)
   (Do not use any kind of pen.)
2. かきなおすときは、けしゴムできれいにけしてください。
   Erase any unintended marks completely.
3. きたなくしたり、おったりしないでください。
   Do not soil or bend this sheet.
4. マークれい Marking Examples

よいれい Correct Example	わるいれい Incorrect Examples
●	⊗ ✓ ○ ◎ ⊜ ◐ ●

問題1				
1	①	②	③	④
2	①	②	③	④
3	①	②	③	④
4	①	②	③	④
5	①	②	③	④
6	①	②	③	④
7	①	②	③	④
8	①	②	③	④
9	①	②	③	④
10	①	②	③	④
11	①	②	③	④
12	①	②	③	④
13	①	②	③	④
問題2				
14	①	②	③	④
15	①	②	③	④
16	①	②	③	④
17	①	②	③	④
18	①	②	③	④

問題3				
19	①	②	③	④
20	①	②	③	④
21	①	②	③	④
22	①	②	③	④
23	①	②	③	④
問題4				
24	①	②	③	④
25	①	②	③	④
26	①	②	③	④
27	①	②	③	④
問題5				
28	①	②	③	④
29	①	②	③	④
30	①	②	③	④
31	①	②	③	④
32	①	②	③	④
33	①	②	③	④

問題6				
34	①	②	③	④
35	①	②	③	④
36	①	②	③	④
37	①	②	③	④
問題7				
38	①	②	③	④
39	①	②	③	④

필승합격 모의고사 해답용지

N3 ちょうかい

第2回

じゅけんばんごう Examinee Registration Number		なまえ Name	

〈ちゅうい Notes〉

1. くろいえんぴつ（NB、No.2）でかいてください。
   Use a black medium soft (HB or No.2) pencil.
   （ペンやボールペンではかかないでください。）
   (Do not use any kind of pen.)
2. かきなおすときは、けしゴムできれいにけしてください。
   Erase any unintended marks completely.
3. きたなくしたり、おったりしないでください。
   Do not soil or bend this sheet.
4. マークれい Marking Examples

よいれい Correct Example	わるいれい Incorrect Examples
●	⊘ ✓ ○ ◎ ⊜ ⦶ ●

問題1				
れい	①	②	③	●
1	①	②	③	④
2	①	②	③	④
3	①	②	③	④
4	①	②	③	④
5	①	②	③	④
6	①	②	③	④

問題2				
れい	①	②	③	●
1	①	②	③	④
2	①	②	③	④
3	①	②	③	④
4	①	②	③	④
5	①	②	③	④
6	①	②	③	④

問題3				
れい	①	②	●	④
1	①	②	③	④
2	①	②	③	④
3	①	②	③	④

問題4			
れい	①	●	③
1	①	②	③
2	①	②	③
3	①	②	③
4	①	②	③

問題5			
れい	①	②	●
1	①	②	③
2	①	②	③
3	①	②	③
4	①	②	③
5	①	②	③
6	①	②	③
7	①	②	③
8	①	②	③
9	①	②	③

필승합격일본어능력시험
N3 모의고사

제3회

음성파일과 채점표

N3
げんごちしき(もじ・ごい)
(30ぷん)

ちゅうい
Notes

1. しけんが　はじまるまで、この　もんだいようしを　あけないで　ください。
   Do not open this question booklet until the test begins.

2. この　もんだいようしを　もって　かえる　ことは　できません。
   Do not take this question booklet with you after the test.

3. じゅけんばんごうと　なまえを　したの　らんに、じゅけんひょうと　おなじように　かいて　ください。
   Write your examinee registration number and name clearly in each box below as written on your test voucher.

4. この　もんだいようしは、ぜんぶで　5ページ　あります。
   This question booklet has 5 pages.

5. もんだいには　かいとうばんごうの 1 、 2 、 3 …が　ついて　います。かいとうは、かいとうようしに　ある　おなじ　ばんごうの　ところに　マークして　ください。
   One of the row numbers 1 , 2 , 3 … is given for each question. Mark your answer in the same row of the answer sheet.

じゅけんばんごう　Examinee Registration Number	
なまえ　Name	

問題1　＿＿＿のことばの読み方として最もよいものを、1・2・3・4から一つえらびなさい。

1 この作業は1時間もあれば終わるだろう。

1　さくぎょ　　2　さぎょ　　3　さくぎょう　　4　さぎょう

2 こんなに寒い部屋によく住めるね。

1　さむい　　2　あつい　　3　せまい　　4　くさい

3 兄は大学で経済を勉強している。

1　けっさい　　2　けいえい　　3　きょうさい　　4　けいざい

4 好きな人の前ではどうしても素直になれない。

1　しょうじき　　2　すなお　　3　すてき　　4　そっちょく

5 ガイドブックで旅行に行く国の気候について調(しら)べた。

1　きこう　　2　きしょう　　3　きおん　　4　きせつ

6 友達(ともだち)の誕生日(たんじょうび)パーティーに招待された。

1　しょうらい　　2　しょうたい　　3　しょうかい　　4　じょうたい

7 先生のおかげで、スピーチ大会で優勝できました。

1　ゆうかつ　　2　ゆうしょう　　3　ふうかつ　　4　ふうしょう

8 みんなで協力してやりましょう。

1　きょうりき　　2　きょうか　　3　きょうりょく　　4　きょうりゅく

問題2　＿＿＿のことばを漢字で書くとき、最もよいものを、1・2・3・4から一つえらびなさい。

9　そふは毎朝5時に起きて散歩(さんぽ)している。

1　祖夫　　2　祖父　　3　祖母　　4　祖婦

10　あなたのレポートには大変まんぞくしています。

1　万族　　2　万属　　3　満足　　4　満属

11　お金がぬすまれた。

1　盗まれた　　2　貯まれた　　3　取まれた　　4　失まれた

12　だれでも携帯(けいたい)電話を持つようになったげんざいでは、テレホンカードはほとんど使われなくなった。

1　限在　　2　現在　　3　限存　　4　現存

13　私の会社は駅からとおくて不便(ふべん)だ。

1　違く　　2　達く　　3　遠く　　4　選く

14　ビールが飲めない人はあんがい多い。

1　以外　　2　案外　　3　心外　　4　意外

問題3 （　　　）に入れるのに最もよいものを、1・2・3・4から一つえらびなさい。

15 みなさん、いろんな（　　　）を出し合いましょう。

1　アクション　　2　ビジネス　　3　アイデア　　4　アンケート

16 来月、インドネシアに（　　　）することになりました。

1　出勤　　2　行動　　3　往復　　4　出張

17 私は子どものころから日本の食べ物に（　　　）がありました。

1　関心　　2　感心　　3　熱心　　4　感動

18 みなさんの（　　　）のおかげで、頑張ることができました。

1　希望　　2　感謝　　3　応援　　4　継続

19 あやしい男が家の前を（　　　）している。

1　がらがら　　2　ぎりぎり　　3　ぶつぶつ　　4　うろうろ

20 このネクタイは（　　　）の3割引きで買いました。

1　安価　　2　定価　　3　値引　　4　価値

21 彼は研究所で新しい薬品を（　　　）した。

1　発生　　2　発売　　3　出発　　4　開発

22 昨日、風が強くて、木が（　　　）。

1　こわれました　　2　おちました　　3　たおれました　　4　やぶれました

23 一度、仕事を（　　　）、最後までやらなければならないと思っている。

1　引っかけたら　　2　引き受けたら　　3　引っぱったら　　4　引き出したら

24 あの子はまだ（　　　）から、長時間、じっと座って我慢することができない。

1　おさない　　2　おそろしい　　3　めずらしい　　4　ひどい

25 買い物はいつもクレジットカードを（　　　）している。

1　利用　　2　信用　　3　応用　　4　費用

問題4　＿＿＿＿に意味が最も近いものを、1・2・3・4から一つえらびなさい。

26 今日、やっと荷物(にもつ)が家にとどいた。

1　ようやく　　2　すぐに　　3　はやく　　4　ゆっくり

27 この学校では夏休み明(あ)けにテストがある。

1　夏休み前　　2　夏休み中

3　夏休みが終わる直前(ちょくぜん)　　4　夏休みが終わった直後(ちょくご)

28 ここにある本はすべて中古品です。

1　ぜんぶ　　2　すこし　　3　だいたい　　4　ほとんど

29 今日の天気は異常(いじょう)だ。

1　ふつうだ　　2　おかしい　　3　晴(は)れだ　　4　悪い

30 おなかが痛(いた)くて授業(じゅぎょう)を欠席(けっせき)しました。

1　遅(おく)れました　　2　行きました　　3　帰りました　　4　休みました

問題5　つぎのことばの使い方として最もよいものを、1・2・3・4から一つえらびなさい。

31 注目（ちゅうもく）

1　道を渡る（わたる）とき、車に注目してください。

2　私は彼（かれ）の言葉（ことば）に注目している。

3　彼（かれ）はいつも注目があります。

4　明日は注目を忘れないでください。

32 なつかしい

1　私の犬は私によくなつかしい。

2　頭のいい人がなつかしい。

3　ふるさとの山や川がなつかしい。

4　みんなの前でころんで、とてもなつかしかった。

33 いらいら

1　雪（ゆき）がいらいら降（ふ）っている。

2　夜空を見たら、星（ほし）がいらいら光（ひか）っていた。

3　ドライブに行ったが、道路（どうろ）が渋滞（じゅうたい）していていらいらした。

4　今年の夏は家族でハワイ旅行に行くので、今からいらいらしている。

34 不満（ふまん）

1　100メートルを10秒（びょう）で走るなんて不満だ。

2　勉強に不満な物は、学校に持ちこまないでください。

3　その本を買おうと思ったが、お金が不満で買えなかった。

4　彼女（かのじょ）は、この会社の給料（きゅうりょう）が安いことに不満があるようだ。

35 迷惑（めいわく）

1　日本語学校を卒業（そつぎょう）したら、日本で進学（しんがく）するか、国へ帰って就職（しゅうしょく）するか、迷惑している。

2　海外旅行で迷惑になって、本当に困（こま）った。

3　いすが迷惑なので、後で片付（かたづ）けてください。

4　風邪（かぜ）で咳（せき）が出るときは、ほかの人に迷惑をかけないように、マスクをしてください。

제3회

문자・어휘

필승합격 모의고사　제3회　　　　　　問題用紙

N3

言語知識（文法）・読解

（70分）

注　　意

Notes

1. 試験が始まるまで、この問題用紙を開けないでください。
   Do not open this question booklet until the test begins.

2. この問題用紙を持って帰ることはできません。
   Do not take this question booklet with you after the test.

3. 受験番号と名前を下の欄に、受験票と同じように書いてください。
   Write your examinee registration number and name clearly in each box below as written on your test voucher.

4. この問題用紙は、全部で17ページあります。
   This question booklet has 17 pages.

5. 問題には解答番号の 1 、 2 、 3 …が付いています。
   解答は、解答用紙にある同じ番号のところにマークしてください。
   One of the row numbers 1 , 2 , 3 … is given for each question. Mark your answer in the same row of the answer sheet.

受験番号　Examinee Registration Number	
名前　Name	

問題1　つぎの文の（　　　）に入れるのに最もよいものを、1・2・3・4から一つえらびなさい。

1 弟の（　　　）っぽい性格は、父そっくりだ。

1　おこって　　2　おこれる　　3　おこり　　4　おこる

2 社長（　　　）社員は2人しかいない。

1　といっても　　2　というのは

3　というからには　　4　というより

3 このレストランの料理は多すぎて（　　　）。

1　食べきらない　　2　食べきれない

3　食べきりがない　　4　食べきろうにない

4 この部屋に引っ越してから、窓を開ける（　　　）富士山が見えるのでうれしい。

1　ついでに　　2　たびに　　3　とたんに　　4　最中に

5 案内書の5ページ目を（　　　）。

1　ごらんにください　　2　ごらんください

3　ごらんさせてください　　4　ごらんしてください

6 先生の話によると、今年の7月の試験は難しくない（　　　）。

1　とされている　　2　と言っている

3　というわけだ　　4　ということだ

7 弟はひま（　　　）あれば、ゲームばかりしている。

1　しか　　2　だけ　　3　さえ　　4　も

8 この目薬は、目に（　　　）があるとき使用してください。

1　かゆさ　　2　かゆみ　　3　かゆいの　　4　かゆいこと

9 一般的に、年をとればとる（　　　）体力は落ちてくる。

1　こそ　　2　など　　3　なら　　4　ほど

10 大事なことは（　　　）メモしておくべきだ。

1　忘れないうちに　　　2　忘れるときに

3　忘れたあと　　　4　忘れないまえに

11 風邪（　　　）で、ご飯があまり食べられません。

1　気味　　　2　っぽい　　　3　がち　　　4　そう

12 彼女は元気がない。何かあったに（　　　）。

1　よってだ　　　2　違いない

3　つれてだ　　　4　しょうがない

13 明日は大切な試験があるので、休む（　　　）。

1　わけにはいかない　　　2　わけだ

3　わけがある　　　4　わけではない

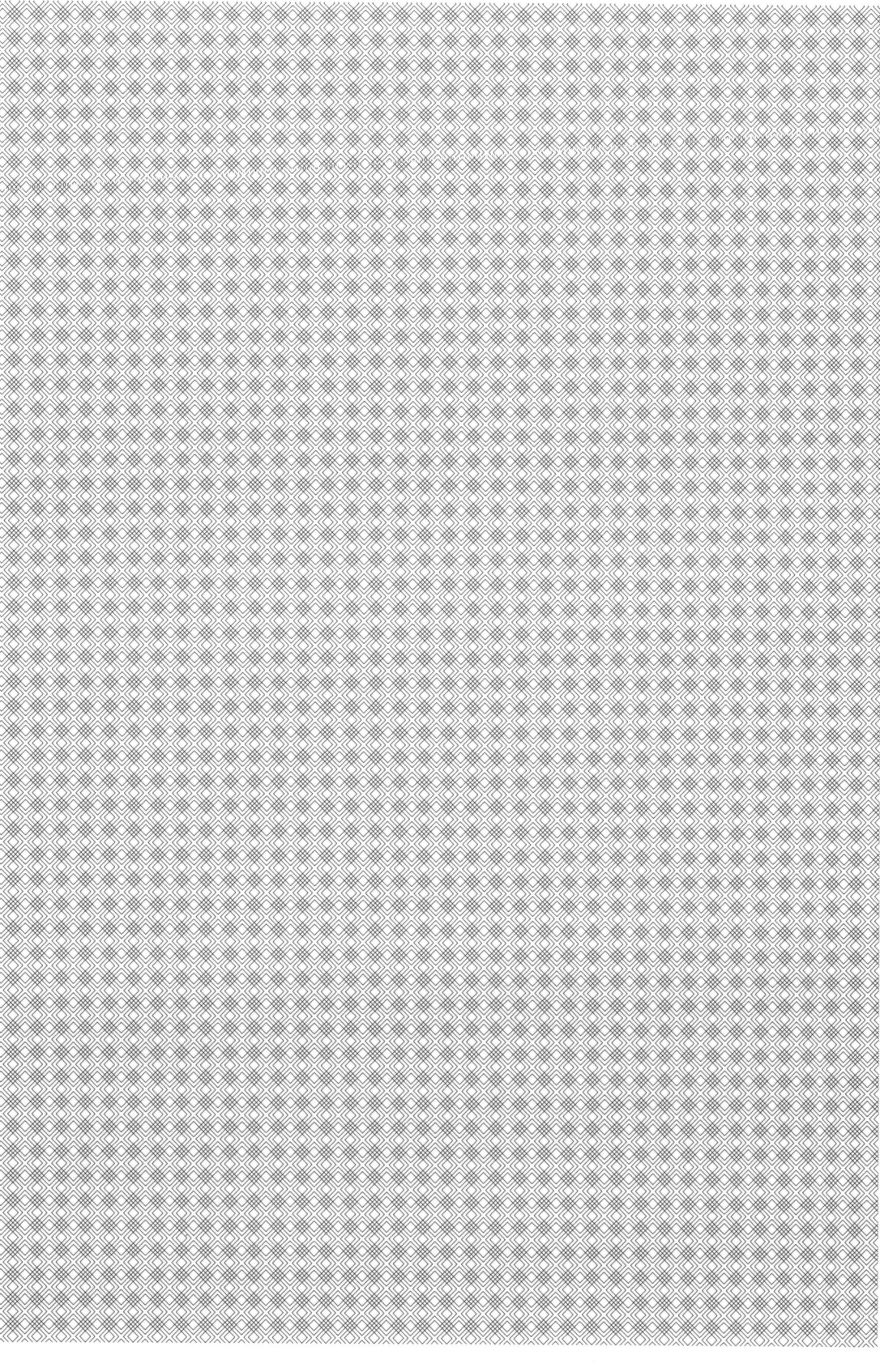

問題2　つぎの文の ＿★＿ に入る最もよいものを、1・2・3・4から一つえらびなさい。

（問題例（れい））

木の ＿＿＿ ＿＿＿ ＿★＿ ＿＿＿ います。

1　が　　2　に　　3上　　4ねこ

（解答（かいとう）のしかた）

1.　正しい答えはこうなります。

木の ＿＿＿ ＿＿＿ ＿★＿ ＿＿＿ います。 3 上　2 に　4 ねこ　1 が

2.　＿★＿ に入る番号（ばんごう）を解答（かいとう）用紙にマークします。

（解答（かいとう）用紙）

（例（れい））	①　②　③　●

14　A「休日は何をしていますか。」

B「だいだい ＿＿＿ ＿＿＿ ＿★＿ ＿＿＿ おおいですね。」

1　ことが　　2　すごしている　　3　映画を　　4　見て

15　この漢字が ＿＿＿ ＿＿＿ ＿★＿ ＿＿＿ いませんでした。

1　2人　　2　読める　　3　しか　　4　人は

16　ちょうど電話を ＿＿＿ ＿＿＿ ＿★＿ ＿＿＿ 、友達（ともだち）が来た。

1　している　　2　と　　3　ところへ　　4　しよう

17 子どもの ＿＿＿ ＿＿＿ ＿★＿ ＿＿＿ かな。

1　野菜（やさい）　　2　というと　　3　にんじん　　4　きらいな

18 やることが多すぎて、 ＿＿＿ ＿＿＿ ＿★＿ ＿＿＿ たりないよ。

1　あっても　　2　が　　3　いくら　　4　時間

제3회

문법

問題3　つぎの文章を読んで、文章全体の内容を考えて、［19］から［23］の中に入る最もよいものを、1・2・3・4から一つえらびなさい。

下の文章は、留学生が書いた作文です。

「ごみの分別」

ナナ

日本に来て驚いたことはたくさんありますが、ごみの捨て方も［19］の一つです。私の国では、ごみを捨てる場所まで車やトラックで自分たちで運んで捨てます。ごみを捨てる場所は町から少し離れたところにあります。そのごみ捨て場の中で、ゴムや鉄でできた物など一部のものは、捨てる場所が決まっています。［20］そのほかに生活から出るごみは全部、とても大きな穴にまとめて捨てます。紙も生ごみもプラスチックもびんも、全部同じ穴に埋められます。ごみ捨て場は24時間、年中開いているので、［21］。

日本は私の国とぜんぜん違います。まず、ごみを捨てる場所は町から離れたところではありません。家の近くに捨てる場所があります。［22］、曜日ごとに捨てるものが決まっています。ですから、ごみを捨てるときは、リサイクルできるかどうか、そして、燃えるか燃えないか、で［23］。リサイクルできるものはリサイクルして再利用するしくみが整っているのがすばらしいと思いました。最初はちょっと面倒くさいと思うこともありましたが、今はもう慣れて、きちんと分けるようにしています。

19

1 そのなか　　2 あのなか

3 このとき　　4 どのとき

20

1 でも　　2 そして　　3 とくに　　4 なぜなら

21

1 いつでも捨てさせます　　2 何時に捨てたかわかりません

3 いつ捨ててもかまいません　　4 そのとき捨てられました

22

1 だから　　2 また　　3 しかし　　4 すでに

23

1 分けさせられました　　2 分けることになっています

3 分けるかもしれません　　4 分けたことがあります

問題4　つぎの(1)から(4)の文章を読んで、質問に答えなさい。答えは、1・2・3・4から最もよいものを一つえらびなさい。

(1)

カマキリという虫は、大きなカマのような手で、自分より小さい虫をつかまえます。特にオオカマキリの卵はスポンジのように大きく、この中で約200ぴきもの兄弟がいっしょに大きくなります。でも、生まれるとすぐ、1ぴきだけで生活を始めます。カマでつかまえた虫を食べて大きくなりますが、反対にほかの虫に食べられることもめずらしくありません。200ぴきいた兄弟もどんどん少なくなってしまいます。カマキリの生活を見ていると、自然の世界の、食べたり食べられたりする関係がよくわかります。

24 この文章で言っていることと合っているのはどれか。

1　どのカマキリも長く生きる。

2　カマキリの卵はたくさん集まっている。

3　カマキリは生まれたあと、ほかのカマキリと生活する。

4　カマキリが食べられることはない。

(2)

これはネットで注文できる弁当屋の広告である。

お一つでもOK!

予約限定　特製弁当

前日（午前9時30分まで）のご注文でもOK！

ネットで簡単注文

【ステップ1】	Webサイトへアクセス	24時間いつでも受付
【ステップ2】	お店で受け取り	送料・手数料無料
【ステップ3】	レジでお支払い	電子マネーでも可

＊店頭でもご注文をお受けしますので、お気軽にお声かけください。

＊50個以上の場合は、配達についてもご相談ください。

25 このサービスについて、合っているものはどれか。

1　インターネットとお店のどちらでも注文できる。

2　一度に1個から50個まで注文できる。

3　受け取る日の前日の、何時でも注文できる。

4　注文したときに代金を支払う。

(3)

思い出とはふしぎなものだ。私は10歳の時、父と姉と富士山に登った。八月なのに頂上はとても寒くて雪が降ったこと、そこで飲んだ温かいミルクの味、そして朝に見た雲からのぼる太陽の美しさ…。どれも素晴らしく、今でもはっきり思い出せる。あのとき富士山に登って本当に良かった。

一方で、記憶にないこともある。父によると、私は長い山道が苦しくて何度も泣いたそうだが、まったくおぼえていない。

今、私は、富士山にもう一度登りたいとは決して思わない。素晴らしい思い出があるにもかかわらず。だから、父の話もまた本当なのだろうと思う。

26 思い出とはふしぎなものだ　と私が思うのはなぜか。

1　記憶にないことが、今の気持ちに影響しているから。

2　実際は富士山で雪が降らなかったから

3　父の思い出がまちがっているから

4　なにがすばらしい思い出かわからなくなってしまうから

(4)
これは靴屋から客の山田さんへのメールである。

件名：Re：青ポップの在庫について
2020年3月23日　10：32
山田様 このたびは「はじめてシューズ」についてお問い合わせいただきありがとうございます。 申し訳ございませんが、お問い合わせいただいた青ポップ13cmは品切れとなっております。 追加で生産する予定はございません。 青シック13cmか、みどりポップ13cmなら在庫がございます。 また、4月1日には当社ウェブサイトにて新商品を発表する予定です。 子ども向けの商品も多数ございますので、そちらもぜひご確認ください。

27 このメールでいちばん言いたいことは何か。

1 山田さんに、青ポップ13cmが新しくできるのを待って購入してほしい
2 山田さんに、子ども向けの新商品を発売してほしい
3 山田さんに、青シックとみどりポップ、新商品を比べてどれかを買ってほしい
4 山田さんに、4月1日以降にもう一度問い合わせしてほしい

問題5　つぎの(1)と(2)の文章（ぶんしょう）を読んで、質問に答えなさい。答えは、1・2・3・4から最もよいものを一つえらびなさい。

(1)

動物が息をするときは、鼻と口から空気を出し入れしている、と思う人も多いかもしれませんが、実は、口からも息ができるのは人間だけです。動物は本当は鼻を使って息をするもので、人間も口を使うより、鼻を使って息をしたほうが、体にいいそうです。

例えば、鼻の中には空気の汚れをとるフィルターがあって、ごみやウイルスが体の中に入らないようにしています。また、空気が乾いているとウイルスが増えて風邪をひきやすいですが、空気が鼻を通るときに温められるので、ウイルスが増えにくくなります。それに、口から息をするよりも、多くの酸素を吸い込むことができるので、ぐっすり眠ることができるし、体の働きがよくなって、疲れにくくなります。

歌を歌ったり、スポーツをしたり、話したりすることを仕事にしている人は、口で息をする習慣がついてしまうことがありますが、仕事の時以外は、ぜひ鼻で息をするようにしてください。

28 人間以外の動物は、どのように息をすると言っているか。

1　空気を鼻から出し入れする

2　空気を鼻と口から出し入れする

3　空気を鼻から入れて、口から出す

4　空気を口から入れて、鼻から出す

29 鼻で息をすることのいい点の中で、<u>言っていない</u>のはどれか。

1　悪い物質が体の中に入らないようにする

2　空気の温かさを感じやすくなる

3　よく眠ることができる

4　疲れにくくなる

30 口で息をする習慣がつきやすい人はどの人だと言っているか。

1　本をたくさん読む人

2　たばこをたくさん吸う人

3　料理をたくさん食べる人

4　歌をたくさん歌う人

(2)

私の母は、朝食によくおにぎりを作る。朝食だけでなく、私や父のお弁当にも。でも私はそれを特においしいとは思わずに、毎日食べていた。

ある朝、母が熱を出した。私は母の代わりに、初めておにぎりを作った。母のおにぎりは毎朝見ていたのに、うまく作れなかった。ご飯の量も、中に入れる具の量もよくわからないし、きれいな形にならない。当然、とてもおいしそうには見えない。①それでも母は「すごくおいしいよ」と言って食べてくれた。「誰かが自分のためににぎってくれたおにぎりって本当においしいんだよね、ありがとう。」と。

その時私は思った。おにぎりは手でにぎって作る。ぎゅっぎゅっとにぎってくれたその人のことを思いながら食べる時、おにぎりはおいしくなるのではないか、と。母は毎朝、大切な家族のことを思いながら、いくつもいくつもおにぎりをにぎっているのだと気づいて以来(いらい)私は、②毎朝のおにぎりをとてもおいしいと感じるようになった。

31 ①それでも母は「すごくおいしいよ」と言ってくれたのはなぜか。

1　毎日母が作るおにぎりとはご飯と具の量が違うから
2　私が母のことを思って作ったことが母に伝わったから
3　母は病気で元気がなく、おなかがすいていたから
4　母がつくるおにぎりのように、きれいにつくれたから

32 ②毎朝のおにぎりをとてもおいしいと感じるようになったとあるが、それはなぜか。

1　母の代わりに自分で作ったから
2　母がおいしいと言ってくれたから
3　母の家族への愛に気付いたから
4　母の作ったおにぎりは形がとてもきれいだから

33 おにぎりについて、私はどう思っているか。

1　朝ごはんやお弁当で毎日おにぎりを食べるのは健康によい。
2　母のようにうまく作れないので好きではない。
3　おにぎりはおいしいし体に良いので、病気の人に作ってあげるべきだ。
4　おにぎりを食べるときに、にぎった人の気持ちが感じられる。

問題6　つぎの文章を読んで、質問に答えなさい。答えは、1・2・3・4から最もよいものを一つえらびなさい。

私は最近、着付け教室に通っている。着付けは着物を着る方法のことだ。なぜ日本人が、日本の伝統的な服を着る方法をわざわざ習うのかと思う人もいるだろう。日本人は昔、毎日着物を着ていたが、今ではほとんど洋服を着るようになった。着物は正月や結婚式などの機会に、時々着るだけである。伝統的な日本のものとはいえ、多くの日本人にとって、着物を着るのはかんたんではない。洋服とは形がまったく違うし、ひもを何本も使うこともあるし、とにかくきれいに着るのは難しい。ちゃんと着ないとすぐに形がくずれてしまう。

しかし、うまく着られたときは本当に気持ちがよい。気持ちがすっきりとし、背中をまっすぐにして歩こうと思う。きつく結んだひもの強さが、心まで強くしてくれるような気がする。伝統的なものというのは、①そういう力があるのかもしれない。

私はそんな着物を、特別なものではなく日常のものにしたい。着物を着て買い物に行ったり、友達と食事をしたりしたい。そんな風に着物と多くの時間を過ごすことで、大好きな②着物と私の距離が近くなるといいなと思う。そして、着物の力を日常の中でさらに感じられるようになりたいと何よりも強く思う。

もちろん、もっと多くの人に、着物の良さを知ってもらいたいし、着物を着てほしいとも思う。でも③私が着物を着る一番の理由はそこにあるのだ。

34 今の多くの日本人にとって、着物とはどういうものか。

1　昔はよく着ていたが、今では教科書でしか見ないもの
2　他の人より強くなるために着るもの
3　普段の生活の中で着て、出かけたり遊んだりするもの
4　特別な行事の時にだけ着るもの

35 ①そういう力とはどういうものか。

1　精神面をささえる力
2　長い距離を歩くときに疲れない力
3　背中や腰を強くしてくれる力
4　ひもがとれないよう強く結ぶ力

36 ②着物と私の距離（きょり）が近くなるとはどういう意味か。

1 お店に買いに行かなくても家にあるということ

2 普段の生活で着ていても自然に感じられるということ

3 たくさんの着物を買ったりもらったりするということ

4 近いところへは必ず着物を着て出かけるということ

37 ③私が着物を着る一番の理由とは何か。

1 一緒に着物を着る友達をもっと多くしたいと思っているから

2 現代の日本人にもっと着物の良さを知ってほしいと思うから

3 せっかく着付けを勉強しているのに、着なければもったいないから

4 大好きな着物の力を生活の中でもっと感じたいから

問題7　右のページは、ホテルのレジャープランの案内である。これを読んで、下の質問に答えなさい。答えは、1・2・3・4から最もよいものを一つえらびなさい。

38 タイさんとズンさんは、今日17時にホテルに着いた。明日は11時にホテルを出発して帰ろうと思っている。それまでに参加できるプランはどれか。

1　AとB

2　AとC

3　BとC

4　CとD

39 石川さんの家族は、今日と明日このホテルに宿泊する。石川さんが奥さん、9歳(さい)と4歳(さい)の子どもと参加する場合、一番料金が安いプランはどれか。

1　A

2　B

3　C

4　D

☆富士山観光ホテル　レジャープラン☆

A　のんびりピクニックコース	B　富士山の石で時計作りコース
約5kmのピクニックコースを 景色を楽しみながらゆっくり歩きましょう ※お弁当付き 10時から13時 大人　1500円 子ども（6～10歳）　1000円 子ども（5歳以下）　500円	火山岩（富士山の石）で 自分だけのすてきな時計を作りましょう ※材料費は含まれます ①9時から90分 ②10時半から90分 （お好きな時間をお選びください） 1名2000円
C　夜の富士山と星空観察コース	D　牧場ふれあい体験コース
たくさんの星と夜の富士山を ゆっくりと眺めましょう ※星空ガイド付き 18時から20時 大人2000円 子ども（6歳以上）1000円 子ども（5歳まで無料）	牧場で牛や羊、うさぎにさわったり えさをあげたりしましょう。 馬に乗ることもできます。 9時から11時半 大人　1800円 12歳以下半額

★開始時間の30分前までにロビーにお集まりください

N3

聴解(ちょうかい)

(40分)

注　意
Notes

1. 試験が始まるまで、この問題用紙を開けないでください。
   Do not open this question booklet until the test begins.
2. この問題用紙を持って帰ることはできません。
   Do not take this question booklet with you after the test.
3. 受験番号(じゅけんばんごう)と名前を下の欄(らん)に、受験票(じゅけんひょう)と同じように書いてください。
   Write your examinee registration number and name clearly in each box below as written on your test voucher.
4. この問題用紙は、全部(ぜんぶ)で13ページあります。
   This question booklet has 13 pages.
5. この問題用紙にメモをとってもいいです。
   You may make notes in this question booklet.

受験番号(じゅけんばんごう)　Examinee Registration Number	

名前　Name	

問題1 N3_3_02

問題1では、まず質問を聞いてください。それから話を聞いて、問題用紙の1から4の中から、最もよいものを一つえらんでください。

れい N3_3_03

1　ケーキ
2　おかし
3　ざっし
4　マンガ

1ばん N3_3_04

1　インターネットでかぶきのチケットを買(か)う
2　電話(でんわ)でかぶきのチケットを買(か)う
3　インターネットでセミナーに申(もう)し込(こ)む
4　電話(でんわ)でセミナーに申(もう)し込(こ)む

2ばん N3_3_05

1　北海道(ほっかいどう)
2　京都(きょうと)
3　東京(とうきょう)
4　富士山(ふじさん)

3ばん N3_3_06

1　190 cm×115 cm
2　150 cm×100 cm
3　190 cm×120 cm
4　150 cm×115 cm

4ばん N3_3_07

1　2冊
2　3冊
3　5冊
4　8冊

5ばん　N3_3_08

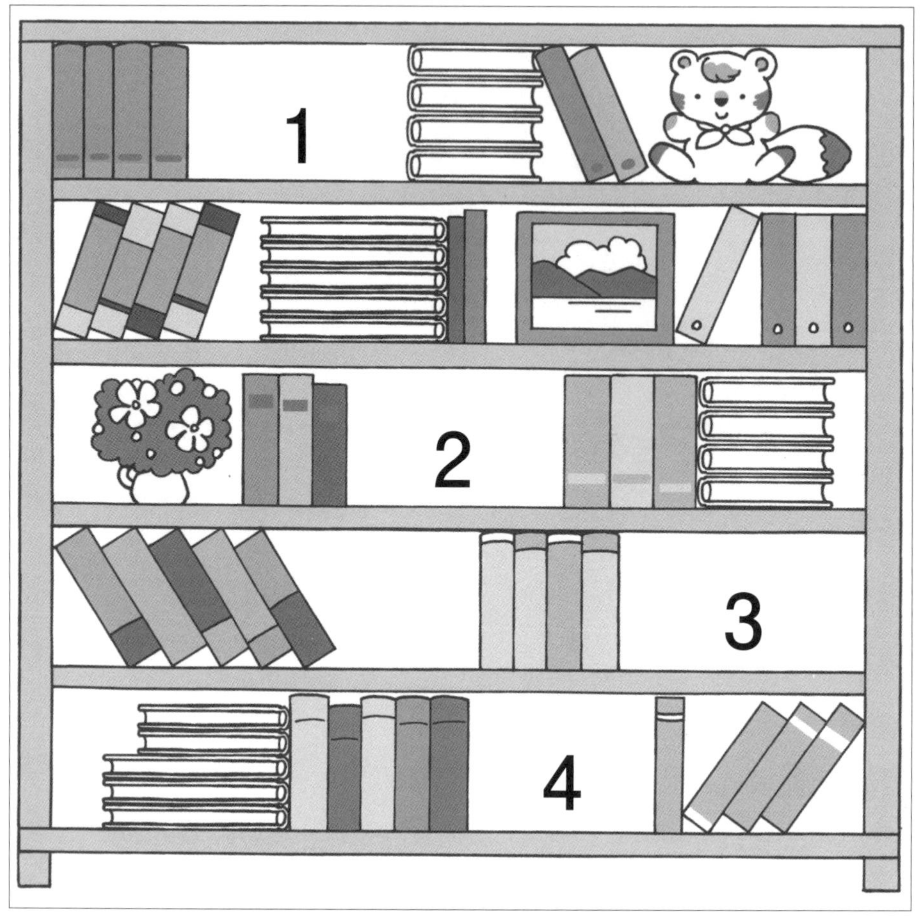

6ばん　N3_3_09

1　本とDVD
2　本と文房具
3　文房具と掃除の道具
4　本と文房具と掃除の道具

問題2 N3_3_10

問題2では、まず質問を聞いてください。そのあと、問題用紙を見てください。読む時間があります。それから話を聞いて、問題用紙の1から4の中から、最も よいものを一つえらんでください。

れい N3_3_11

1　日本語を教える仕事
2　日本ぶんかをしょうかいする仕事
3　つうやくの仕事
4　ふくをデザインする仕事

1ばん N3_3_12

1 5万円(まんえん)
2 10万円(まんえん)
3 15万円(まんえん)
4 20万円(まんえん)

2ばん N3_3_13

1 メスがミツを集(あつ)めるときにひつようだから
2 メスがたまごをうむときにひつようだから
3 メスがじぶんのいのちをまもるときにひつようだから
4 オスがじぶんのいのちをまもるときにひつようだから

3ばん N3_3_14

1　テーマのかずがふえたこと
2　プラネタリウムができたこと
3　プラネタリウムのせつめいが毎日かわること
4　図書館ができたこと

4ばん N3_3_15

1　目を開けたまま、かた足で立つこと
2　目をとじたまま、かた足で立つこと
3　かた足で立ったまま、ボールをなげてとること
4　かた足で立ったまま、かおを右や左にむけること

5ばん N3_3_16

1　子どもたちが勉強すること
2　子どもたちがともだちをつくること
3　かつどうをいっぱんの人に知ってもらうこと
4　えんそうをいっぱんの人に聞いてもらうこと

6ばん N3_3_17

1　家族やともだちにむりょうで電話をすること
2　むずかしい問題をかいけつすること
3　外国語で話すれんしゅうをすること
4　スタッフに話を聞いてもらうこと

問題3 N3_3_18

問題3では、問題用紙に何もいんさつされていません。この問題は、ぜんたいとしてどんなないようかを聞く問題です。話の前に質問はありません。まず話を聞いてください。それから、質問とせんたくしを聞いて、1から4の中から、最もよいものを一つえらんでください。

れい N3_3_19

1ばん N3_3_20

2ばん N3_3_21

3ばん N3_3_22

－メモ－

問題4 N3_3_23

問題4では、えを見ながら質問を聞いてください。やじるし（→）の人は何と言いますか。1から3の中から、最もよいものを一つえらんでください。

れい N3_3_24

1ばん N3_3_25

2ばん N3_3_26

3ばん N3_3_27

4ばん N3_3_28

問題(もんだい)5 N3_3_29

問題(もんだい)5では、問題用紙(もんだいようし)に何(なに)もいんさつされていません。まず文(ぶん)を聞(き)いてください。それから、そのへんじを聞(き)いて、1から3の中(なか)から、最(もっと)もよいものを一(ひと)つえらんでください。

れい N3_3_30

1ばん N3_3_31

2ばん N3_3_32

3ばん N3_3_33

4ばん N3_3_34

5ばん N3_3_35

6ばん N3_3_36

7ばん N3_3_37

8ばん N3_3_38

9ばん N3_3_39

필승합격 모의고사 해답용지

N3 げんごちしき（もじ・ごい）

第3回

じゅけんばんごう Examinee Registration Number		なまえ Name	

〈ちゅうい　Notes〉

1. くろいえんぴつ（NB、No.2）でかいてください。
   Use a black medium soft (HB or No.2) pencil.
   （ペンやボールペンではかかないでください。）
   (Do not use any kind of pen.)
2. かきなおすときは、けしゴムできれいにけしてください。
   Erase any unintended marks completely.
3. きたなくしたり、おったりしないでください。
   Do not soil or bend this sheet.
4. マークれい Marking Examples

よいれい Correct Example	わるいれい Incorrect Examples
●	⊘ ✓ ○ ◎ ⊜ ⦶ ●

問題1	
1	① ② ③ ④
2	① ② ③ ④
3	① ② ③ ④
4	① ② ③ ④
5	① ② ③ ④
6	① ② ③ ④
7	① ② ③ ④
8	① ② ③ ④
問題2	
9	① ② ③ ④
10	① ② ③ ④
11	① ② ③ ④
12	① ② ③ ④
13	① ② ③ ④
14	① ② ③ ④

問題3	
15	① ② ③ ④
16	① ② ③ ④
17	① ② ③ ④
18	① ② ③ ④
19	① ② ③ ④
20	① ② ③ ④
21	① ② ③ ④
22	① ② ③ ④
23	① ② ③ ④
24	① ② ③ ④
25	① ② ③ ④
問題4	
26	① ② ③ ④
27	① ② ③ ④
28	① ② ③ ④
29	① ② ③ ④
30	① ② ③ ④

問題5	
31	① ② ③ ④
32	① ② ③ ④
33	① ② ③ ④
34	① ② ③ ④
35	① ② ③ ④

필승합격 모의고사 해답용지

N3 げんごちしき(ぶんぽう)・どっかい

第3回

じゅけんばんごう Examinee Registration Number		なまえ Name	

〈ちゅうい Notes〉

1. くろいえんぴつ（NB、No.2）でかいてください。
   Use a black medium soft (HB or No.2) pencil.
   （ペンやボールペンではかかないでください。）
   (Do not use any kind of pen.)
2. かきなおすときは、けしゴムできれいにけしてください。
   Erase any unintended marks completely.
3. きたなくしたり、おったりしないでください。
   Do not soil or bend this sheet.
4. マークれい Marking Examples

よいれい Correct Example	わるいれい Incorrect Examples
●	

問題1				
1	①	②	③	④
2	①	②	③	④
3	①	②	③	④
4	①	②	③	④
5	①	②	③	④
6	①	②	③	④
7	①	②	③	④
8	①	②	③	④
9	①	②	③	④
10	①	②	③	④
11	①	②	③	④
12	①	②	③	④
13	①	②	③	④
問題2				
14	①	②	③	④
15	①	②	③	④
16	①	②	③	④
17	①	②	③	④
18	①	②	③	④

問題3				
19	①	②	③	④
20	①	②	③	④
21	①	②	③	④
22	①	②	③	④
23	①	②	③	④
問題4				
24	①	②	③	④
25	①	②	③	④
26	①	②	③	④
27	①	②	③	④
問題5				
28	①	②	③	④
29	①	②	③	④
30	①	②	③	④
31	①	②	③	④
32	①	②	③	④
33	①	②	③	④

問題6				
34	①	②	③	④
35	①	②	③	④
36	①	②	③	④
37	①	②	③	④
問題7				
38	①	②	③	④
39	①	②	③	④

필승합격 모의고사 해답용지

N3 ちょうかい

第3回

じゅけんばんごう Examinee Registration Number	

なまえ Name	

〈ちゅうい Notes〉

1. くろいえんぴつ（NB、No.2）でかいてください。
   Use a black medium soft (HB or No.2) pencil.
   （ペンやボールペンではかかないでください。）
   (Do not use any kind of pen.)
2. かきなおすときは、けしゴムできれいにけしてください。
   Erase any unintended marks completely.
3. きたなくしたり、おったりしないでください。
   Do not soil or bend this sheet.
4. マークれい Marking Examples

よいれい Correct Example	わるいれい Incorrect Examples
●	⊗ ✓ ○ ◎ ≋ ⦶ ●

問題1

れい	①	②	③	●
1	①	②	③	④
2	①	②	③	④
3	①	②	③	④
4	①	②	③	④
5	①	②	③	④
6	①	②	③	④

問題2

れい	①	②	③	●
1	①	②	③	④
2	①	②	③	④
3	①	②	③	④
4	①	②	③	④
5	①	②	③	④
6	①	②	③	④

問題3

れい	①	②	●	④
1	①	②	③	④
2	①	②	③	④
3	①	②	③	④

問題4

れい	①	●	③
1	①	②	③
2	①	②	③
3	①	②	③
4	①	②	③

問題5

れい	①	②	●
1	①	②	③
2	①	②	③
3	①	②	③
4	①	②	③
5	①	②	③
6	①	②	③
7	①	②	③
8	①	②	③
9	①	②	③

일본어능력시험
JLPT

글로벌 인재육성, 1984년설립
(주)해외교육사업단